天是天馬山

常勇◎主编

文匯出版社

序一

党的二十大报告指出，我们必须坚定历史自信、文化自信，坚持古为今用、推陈出新。唯其如此，才能在新时代真正讲好中国故事、传播好中国声音，展现可信、可爱、可敬的中国形象。“求木之长者，必固其根本；欲流之远者，必浚其泉源。”编纂出版《又见天马山》就是这样一项追本溯源的学术探索和艺术实践。

习近平总书记强调：“只有全面深入了解中华文明的历史，才能更有效地推动中华优秀传统文化创造性转化、创新性发展，更有力地推进中国特色社会主义文化建设，建设中华民族现代文明。”众所周知，松江九峰之一的天马山不仅自然风光秀美而且文化底蕴深厚。在天马山，我们可以聆听到来自吴根越角的遥远传说，怀想西晋二陆的琅琅书声；也可以领略宋代宝光塔的沧桑身影，走进元代三高士的精神世界。在天马山，我们可以对山展卷，一睹松江画派的笔墨烟云；也可以慨叹古今，见证新时代绿水青山的完美蝶变。“江山留胜迹，我辈复登临”，回望历史，驻足凝眸，既是为了寻根——抚今追昔，鉴往知来，更要在寻根的基础上出新——即“在正本清源上展现新担当，在守正创新上实现新作为”。我们力图通过《又见天马山》的一段段文字、一帧帧图片，既照见一座自然之山，更在自然之外格物致知，展现出人文松江、上海文化和江南文脉。

松江是“上海之根”，也是活力之城、创新之城。近年来，松江勇担长三角 G60 科创走廊策源地重大使命，从秉持新发展理念的基层生动实践上升为国家战略重要平台，逐步成为推动长三角区域一体化发展的重要引擎。习近平总书记指出，“开放、创新、包容已成为上海最鲜明的品格。这种品格是新时代中国发展进步的生动写照。”回顾历史，松江具有悠久的移民文化传统，其文化一直受到外来文化，尤其是与松江文化血脉相连、同根同源的江浙文化的浸染和影响。可以说，不单是天马山，整个松江文化就是一代代松江人和新松江人在不断的文化交流互鉴中逐渐孕育形成的。所以，通过《又见天马山》这本书，我们试图“管中窥豹”，不仅要向读者展示出人文松江的史脉与文脉，见证一座城市发展的文化动力，也力图从一个极小的视角洞见和展现当下长江三角洲区域一体化发展的内在历史依据和文化发展逻辑。

是为序。

编者

序二

明代松江词人施绍莘称松江“分秀于天目得其骨，借润于震泽得其肤”。在九峰三泖、山骨水肤的松江大地，天马山以其优美的自然风光和深厚的文化底蕴，吸引着一代又一代骚人墨客驻足其间，流连忘返。

天马山位于松江区佘山镇境内。根据《上海市第一次地理国情普查公报》载，天马山高 98.62 米，山体东西长约 800 米，南北宽约 1000 米，周围 2.5 公里。天马山是松郡九峰之一，因其状如“首昂脊弓，肩髀礧礧”

的行空天马，故名天马山。天马山原名干山，相传春秋时吴国铸剑大师干将曾铸剑于此，因而得名。后因山上多琳宫梵宇，香火鼎盛，故俗称烧香山。据清周厚地《干山志》载，天马山“列九峰第八，形隓而长，上多琳宫梵宇，窣堵波高出云表，登览者极江海之观，山得著为九之甲云”。至今山上仍有“护珠塔”“三高士墓”“古银杏”等人文、自然景观。

“山不在高，有仙则名”。漫步中国文化长廊，我们不难发现，中国古人，特别是中国古代文人雅士对山一直有着近乎神圣的敬畏与崇拜。于他们而言，名山大川不仅是栖居的安身之所，而且是立命的心灵家园。因此，历代帝王登山封禅，祭祀山神；高僧大德远离尘嚣，遁迹山林；文人雅士悠然山居，寄情林泉；丹青圣手胸中丘壑，粉本河山。凡此种种，不一而足。也正因此，孔子行吟山水，发出“知者乐水，仁者乐山”的浩叹；曹操横槊赋诗，抒发“东临碣石，以观沧海”的豪情；陶渊明挂冠而去，转身便是“采菊东篱下，悠然见南山”的潇洒；杜甫科举落第，仍有“会当凌绝顶，一览众山小”的豪兴。

“山水有清音”，天马山若单从其海拔、形势等自然条件来说，既不高耸，更不险峻；但从文化的视角来看，这座滨海小山，却是一座绵延千年的文化高峰。正如清代《干山志》所载，“其间文物衣冠之盛，园林泉石之幽，名流寓公题咏，金石之刻，神灯鬼火，谲诡幻怪之奇，山俱擅而有之。”可以说，这里的一丘一壑、一草一木、一瓦一石、一亭一塔，无不凝结着历史文化的结晶，存系着云间乃至整个江南文化的传承。魏源《游山吟》有言，“游山浅，见山肤泽；游山深，见山魂魄。与山为一始知山，寤寐形神合为一。”现在，就让我们转身回眸，循着千年文脉，走进天马山的深处，让我们的精神在历史文化与天马山的魂魄中，肆意游遨，妙悟自然。

上海市文物保护单位
护珠塔

目录

干将铸剑在此山
天马耸背跃云间

“九点芙蓉堕淼茫，平川如掌揽秋光。”天马山为松江九峰之一，旧称干山，相传春秋时吴国的铸剑大师干将曾在此铸剑，因而得名。元代杨维桢《干山志》言：“华亭地岸海，多平原大川，其山之联络于三泖之阴者十有三，名于海内者九。其一曰干将者，九之甲也。世传夫差冢干将其山，故云。”

干山之名也与干姓在此间聚族而居有关，旧图经云“有干姓者居此”，钱惟善诗云“干氏千年居此山”，宗毅《圆智寺记》也说“山后皆干氏所有，故名”。

千载而过，干将铸剑的金石之声和熊熊烈火，早已随着历史的烽烟消散无踪，但干氏子孙仍在此繁衍生息，郁郁青山上的干将淬剑池——濂池，和迎风而立的“看剑亭”“舞剑台”似乎还在回忆着遥远过往的金戈铁马，述说着干将铸剑千锤百炼的“工匠精神”。

泖

天下名山图　清・佚名

舊圖經云昔有干氏居此圓智寺記云茲山
後皆干氏所有故以為名
薛山在縣西北二十四里高九十丈周回七里
吳地記云薛約道居此因以為名
城山在縣北二十里高八十丈周回五里舊經
云山狀周環如城因此為名
細林山在縣西北十八里高五十丈周回七里
本名神山唐天寶六年易今名
土山在縣西北二十五里高二十丈周回一里

金山在縣東南九十里周回十里高十七丈吳地記云有平城坡可容二十人坐山北有寒穴其泉香甘

佘山在縣西北二十四里高八十丈周回十八里舊傳有姓佘者居此因名焉按姓苑佘姓出南昌

干山在縣西北二十九里高二十丈周回五里

上峰寺
斗姥閣
嶽廟
寶光塔
護珠塔
周宣撫祠
雙松臺
玉皇殿
半珠菴
朝真道院
中陽墖
圓智寺
天馬山汛

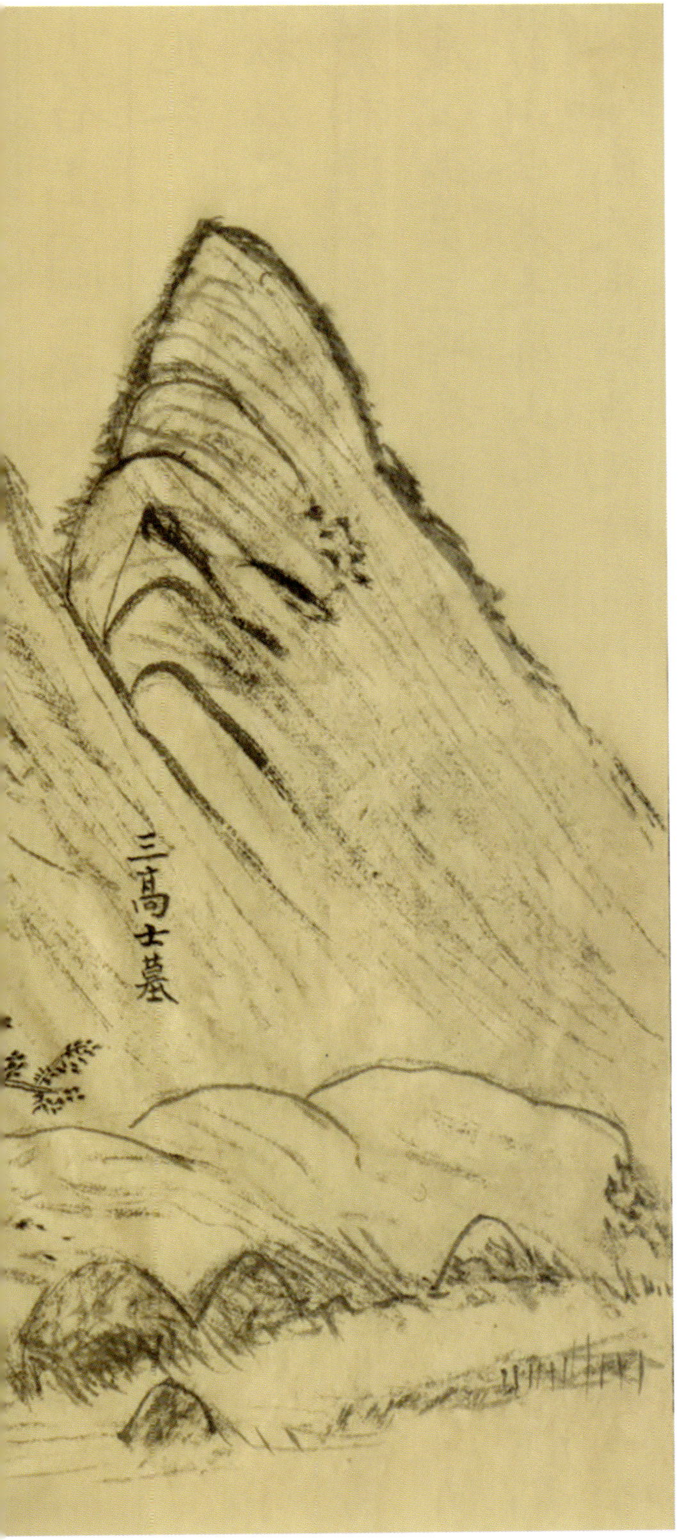

干山志　清・周厚地 撰

周厚地（生卒年不详）

字雨坪，干山世家宋周文达后人，著名藏书家，著有《峰泖名胜》等。所辑《干山志》成书于乾隆五十一年(1786)，是现存最早也是最完备的天马山专志。

九峯

雲間松江之九峰最著散於華亭青浦二縣而三泖映乎其北支脈所及或林麓相連或溪壑相間其第一峰為鳳凰山延頸舒翼宛若鳳翥第二峰為庫公山第三峰為佘山相傳有佘姓脩道於此第四峰為神山第五峰為薛山今名玉屏山第六峰為機山因陸機讀書處故名第七峰為橫山第八峰為天馬山第九峰為小崑山要之缺一山不足為奇舉一峰無以盡勝故他山皆用分考而九峯則用合考

楊基詩　九峰山頭白雲飛飛來化作遊子衣遊子思鄉去不返青天漫漫白日晚　悵悵天河水亘亘東南流欲知何處去流向九峰頭

凌巘詩　九峰西峙北崑崙晉代將軍墓尚存今日捫蘿登絕頂桑邱麥壟自村村

段天佑詩　九峰三如筍茲山竟誰名不見玉生處惟聞鶴唳聲澗下泉東注岡頭日西傾我思古君子倚杖暮愁生

九峰
府境諸山自杭天目而來纍纍然隱起平疇望之如列宿排障元陶宗儀曰九山離立如幽人冠常拱揖狀此九峰可以稱也
沈錫齡

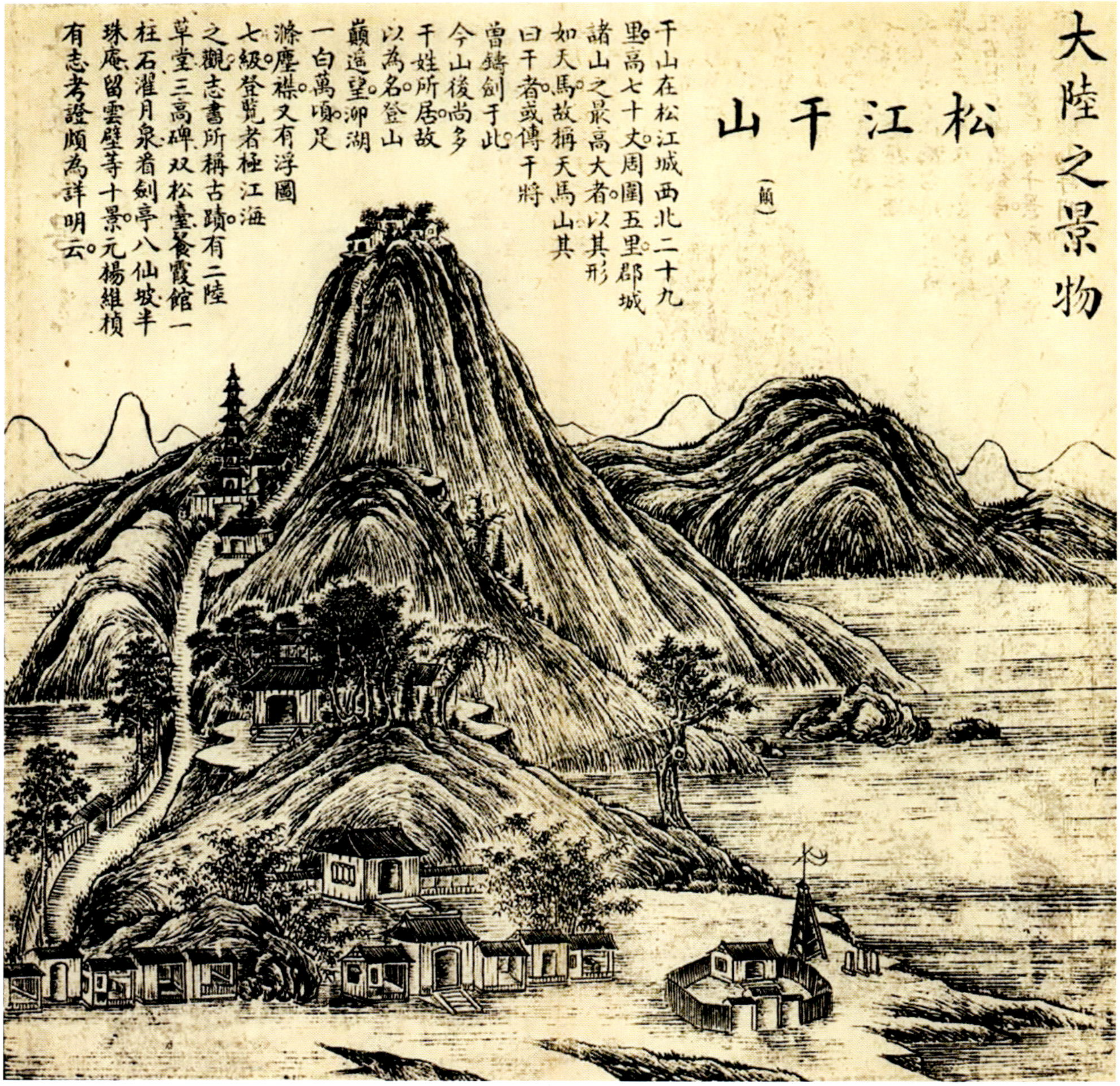

松江干山　环球社《图画日报》第二百三十二号第一页

天馬山

天馬山，一名干山，在城北十四公里，高二百五十公尺，周圍二公里半，以形如天馬，稱爲天馬山；其曰干者，或傳干將在此鑄劍，故名。山上多琳宮梵宇，上爲上峯古寺，中爲中峯禪寺，下爲朝眞道院。邑人率以歲三月詣山進香，俗又謂之燒香山。上有浮屠七級，惜年久頹圮，已不可登；旁有古銀杏樹一，大可逾抱。在此俯瞰泖湖，一白萬頃，憑高凝佇，恍如世外。

天馬山鳥瞰

天馬山鎮

民国时期的天马山

松江府志卷七

山川志 山

鄭夾漈云郡國有時而移山川亘古不易一方形勢所在顧不重與松郡諸峯以天目爲幹而水亦多自浙右來匯於泖澱沿江以入海惟支津变渠時有通塞昔賢講求水利因時制宜爲澤國言疏濬之法者頗資考鏡若海塘修築永禦鹹潮爲一郡所攸賴尤未容畧也志山川

府境諸山自杭天目而來㟼㟼然隱起平疇間長谷以東通波以西望之如列宿排障東南涵浸滄海煙濤空翠亦各極其趣焉而九峯之名特著

松江府志 卷七 山川志 一 山

九峯中惟天馬佘山最高玉屏斯下矣崑山又下於玉屏此有目所共見也舊志稱千山七十丈玉屏九十丈崑山乃一百五十丈豈其然乎故不詳其丈尺機山最西北云去府二十里細林近東南乃二十五里況竹嶼浮蘇在滄波浩渺中誰能測之故不詳其道里 以上俱顧志 案九章算術有立表測遠因木望山之法所謂度高者重表測深者累矩卽劉徽重差法是也山之道里丈尺原有可憑特顧陳郭三志不言惟楊氏潛言之篇中故仍用其說而錄顧志於前以俟後之通算經者

元陶宗儀曰九山離立如幽人冠帶拱揖狀此九峯所以稱也

明董紀曰松之山三十有二而九峯特著

辛夷檪太守握紅雲冠峨山容好嘉名公等錫一壑從予保手寫大江詞蛾眉翠可掃敢應北山招終事東坡老

錢福補十峯詩并序 九峯名松各有勝概而瘦石綉若如小山石壁者蓋少定翁鶴坡綏齋偕子登而偉之遂進其秩躋爲十峯壁靈其服諸無忘效奇需擇助我望天子以亭吾羣英鑒賞於萬萬年也彼或爭名嫉秀讓我以擅爵吾得請命於藏垢納汙者焉若曰地靈人傑而一言爲終古軒輊則吾豈敢何年秀氣天所鍾壁立瘦骨支蒼穹一起一伏騰虬能放鶴亭前十八松況有石鼓聲鏗鍧豈應漠落橫雲東天地之數始必終何獨客此於吾松便須插脚入九峯九老唯唯咸心從

機山 在府城西北三十里 大清一統志 因陸機得名山下有村曰平原亦因陸平原名之 雲間志 前有陂澤人家散布汀岸隱然若圖畫云 顧志 山有呂公祠 在山頂上 吏部園 吏部朱永佑構 醉眠石 眉公眠處 坎離泉 舊名光眼潭狀如兩目 雙蛟壑 一名三蛟壑水溢時蛟破壁出 雞鳴嶺 山出蜈蚣故以雞厭之 綠雲河 舊多綠竹 眞珠浦 在水下 醉花閣 瞿一淳隱處 合平原村爲十景 九峯志

元凌巖詩 六峯喬木鎖雲根青接平原數里村此處無人來聽鶴海靈山鬼哭黃昏

錢惟善詩 煙徑雲林樹色昏千尋喬木見名門橫峯亦有尚書墓只酹平原內史魂

陶宗儀機山懷古詩 昭侯功業在人間二俊文章若可攀西洛竟從王穎辟秋風不逐季鷹還平原村過家山靜華表雲深鶴夢閒有客艤舟來弔古空林落葉雨潸潸

平原村 詳古蹟

千山 在府城西北二十九里 大清一統志 高七十丈周圍五里 雲間志 郡諸山之最高大者以形如天馬稱爲天馬山

松江府志 卷七 山川志 八 山

（嘉庆）松江府志　清・宋如林 修，孙星衍、莫晋 纂其曰干者或傳干將曾此鑄劍舊圖經云有干姓者居此圓智寺記云山後皆干姓所有故名山上多琳宮梵宇春時遊人甚盛（按婁縣志郡人率以歲三月詣山禮於嶽祠俗又謂之燒香山）嶽祠之側有來鶴軒其西穿堂當小山石壁若屏障然右瞰泖湖一白萬頃憑高凝佇恍然如隔世外山頂有雙石魚相傳風雨化去其脇有泉遊人掬以頮面云能明目（顧志）有浮圖七級登覽者極江海之觀（陳志）又有二陸草堂（在圓智寺為士衡讀書處）三高碑（楊鐵崖陸宅之錢思復三高士合葬處碑為太守何遜之所立）雙松臺（在塔院下楊鐵崖手植也）餐霞館一柱石濯月泉（又名第四泉）看劍亭（楊鐵崖築此以求干將劍）八仙坡（相傳八仙嘗過此）半珠庵（下有蓮池）留雲壁（在道院前高過百仞）為十景（九峯志）東北頹然一阜俗稱扁山又名繩山蓋干山之附庸云（婁縣志）

元楊維禎干山志　華亭地岸海多平原大川其山之聯絡於三泖之陰者十有三名於海內者九其一曰干將者九之甲也世傳夫差家干將其山故云其形首昂脊弓肩髀礌礌狀馬又云天馬焉至正癸卯四月十有八日橫鐵生洪祥駕黑樓舟遨余出南關泛白龍堆北行過沈涇至皇南林西小溪蛇行六七里抵山麓命謝公展蹲峻磴及半山休松溪丹室道士郭某作若供題詩壁間更肩輿上絕頂藉盤石蹕坐覛衆山纍纍如子立膝下佛宮梵字離立於旁瓦次鱗鱗雜出叢樹間桑邱麥畝蓮綿錯纚儼然輞川畫苑也鳥有婆餅焦者時聲於耳冷風鏘然起松甫滴衣帽使人肌骨慘㩳下山祥之外氏張景良請移舟旋山而北若干步斗折三矢地怪石夾插類訶料拔土特起類跳狠攫虎木皆鸞迴鳳翥懸碧蘿如褸索有軒四櫺名蘿窗掃楊就坐窗洞開野香襲人若芝术良父梓山公出盡客讌客於軒復出子羅拜公躬奉觴為予壽予復觴之曰劫灰一吹十年無地不焦礫公獨不在劫地又時與高人韻士徜徉山水為東南之慶人福地非耶於是主賓交歡酒不計量頹然就醉不覺日在屬西於是夕宿東庵曹氏元修精舍明日放舟山南訪黃石全不值又沿流經石氏醉癡家邂逅捉月公李彬邀予讌蠢石軒荀隱生余達陪飲家賦蠢石詩書於東窩夜乘月歸

凌巖詩　八峯蔥蒨石林幽給事題詩紀勝遊昨夜僧歸鐘鼓靜一聲鶴唳海天秋

錢惟善詩　干氏千年居此山題詩給事最幽閒春濃海嶽開晴色遊子燒香畫舫還

明貝瓊干山夜泊詩　一水疑無楫纔通艓子舟連山分秀色絕境散窮愁行與月相逐臥看天倒流野人應不識林鳥自相求

石魚　宋許尚詩　雙鯉何年刻悠然鬐鬣全登臨忽懷遠尺素若為傳

二陸草堂　相傳二陸讀書處機雲少齊名兄弟相師友機年二十而吳滅退居舊里靜習十年太康末乃與弟入洛故鄭曼季贈陸雲鴛鴦篇曰鴛鴦美賢也詩云鴛鴦于飛在江之涘和音交暢拊翼雙起朝遊蘭池夕宿蘭沚清風翕習有波蘭莅淩雲立厲載翔載止

宋沈遘詩　海天寥寥禾黍秋人籟已息煙霞收數聲鶴唳草堂靜何苦更向咸陽遊

明陸樹聲修二陸讀書草堂詩　重開遺宇傍層邱婉孌西來谷水流白日未歸華表宅晴山從護碧蘿秋風流不作浮湘賦詞賦空嗟入洛遊仿彿舊時埋玉處懷賢一繫古今愁

龜山祠　山下舊有楊龜山先生祠宋時建郡人林至遊海翁先生之門刻有龜山答問錄疑祠即林建山下楊氏向係龜山後世守其祠改名十忠祠

澱山　在府城西北六十里（大清一統志）周圍三百五十步高三十丈山形四出如龜上建浮圖下有龍洞屹立湖中

亦有吊平原村賦（陳志）
干山在機山東有水紆迴從横雲來經山下北去郡諸山
之最高大者以形如天馬稱為天馬山其曰干者或傳

干將曾此鑄劍舊圖經則云有干姓者居此圓智寺記
亦謂山後皆干氏所有故名山上多琳宮梵宇春時遊
人甚盛畫船鼓吹邐迤絲野細水中來纚纚不絕嶽祠
之側有來鶴軒其西穿堂當小山石壁若屏障然右瞰
泖湖一白萬頃凭高凝竚恍然如隔世外云山頂有雙
石魚相傳風雨化去其脇有泉遊人掬以頮面云能明
目（顧志）

相傳二陸草堂在圓智寺為士衡讀書處山有雙松臺
餐霞館有浮屠七級登覽者極江海之觀故稱干將為
九峰之甲云（陳志）

元錢惟善詩　煙選雲林樹色昏千尋喬木見名門横岑亦有尚書墓只醉平原內史魂

元陶宗儀機山懷古詩　昭侯功業在人間二俊文章若可攀西洛竟從王潁辟秋風不逐季鷹還平原村過家山靜華表雲深鶴夢閒有客艤舟來吊古空林落葉雨潸潸

平原村　平原村廣百畝澗居其半多葦蓼蒹葭之屬海鷗出没漁子往來曲徑小橋縈廻窈窕甚不可測何孔目元朗望平原村有句云平原勝業久蓁蕪獨有青

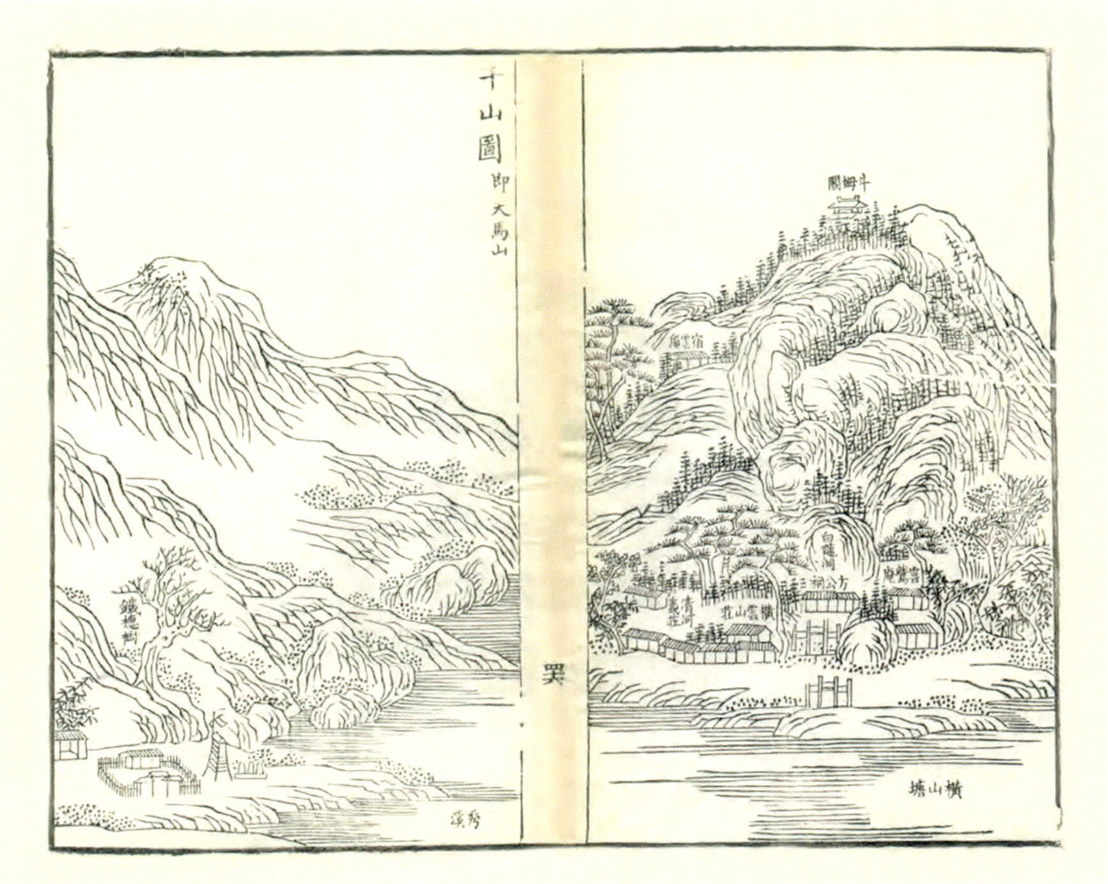

（嘉庆）松江府志　清・宋如林 修，孙星衍、莫晋 纂

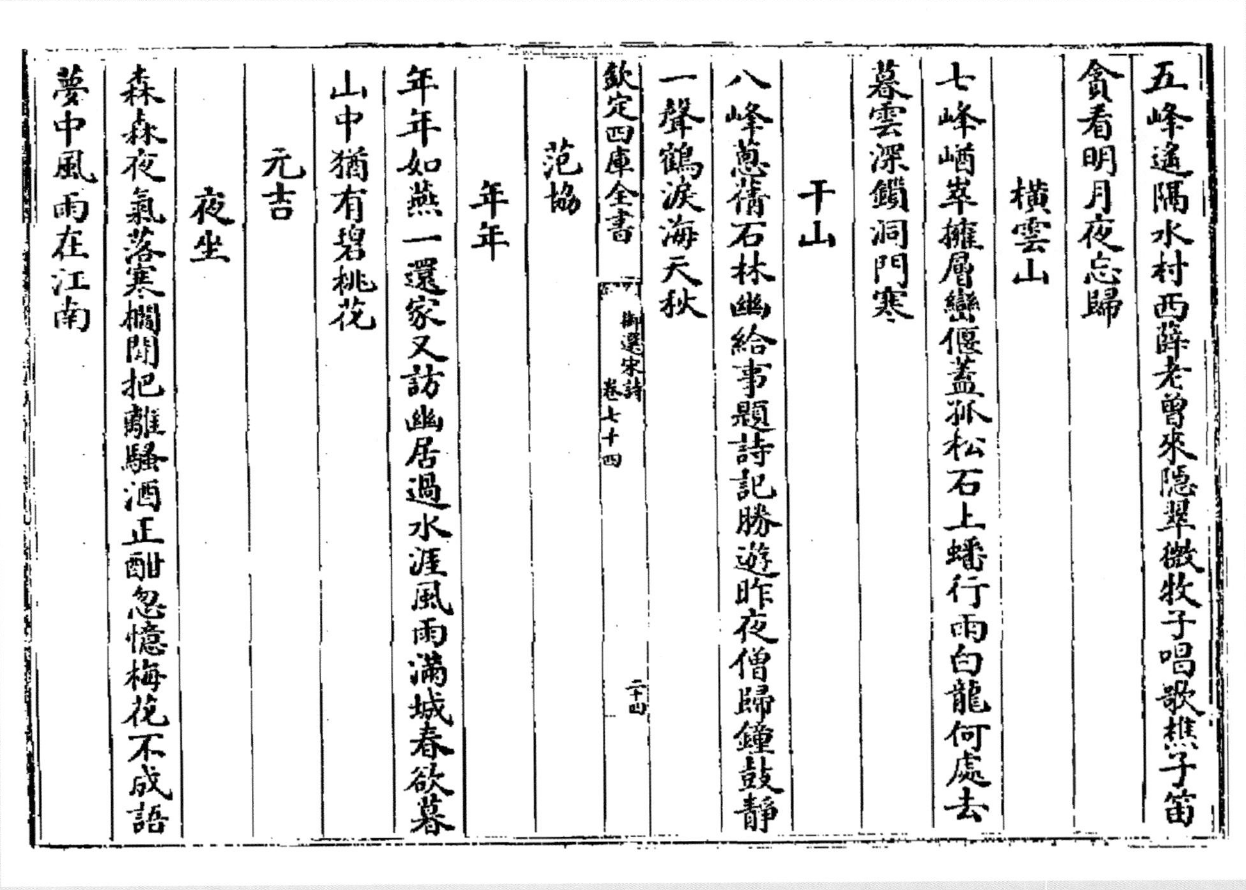

五峰遥隔水村西薛老曾來隱翠微牧子唱歌樵子笛
貪看明月夜忘歸
橫雲山
七峰峭崒擁層巒偃蓋孤松石上蟠行雨白龍何處去
暮雲深鎖洞門寒
干山
八峰蔥蒨石林幽給事題詩記勝遊昨夜僧歸鐘鼓靜
一聲鶴淚海天秋
欽定四庫全書　御選宋詩　卷七十四　二十四
范協
年年
年年如燕一還家又訪幽居過水涯風雨滿城春欲暮
山中猶有碧桃花
元吉
夜坐
森森夜氣落寒櫚閑把離騷酒正酣忽憶梅花不成語
夢中風雨在江南

凌　岩《干山诗》　御选宋金元明四朝诗　清·张豫章等 纂

凌　岩（生卒年不详）

字山英，号石泉。靖康中，自汴随跸南迁，徙居华亭。宋亡，隐居九峰中，足迹不入城市，一放于诗，锵鸣秀拔，有大历之风。著《古木风瓢集》《九峰题咏》。郡中九峰，次第题标，昔人称为“山史”。

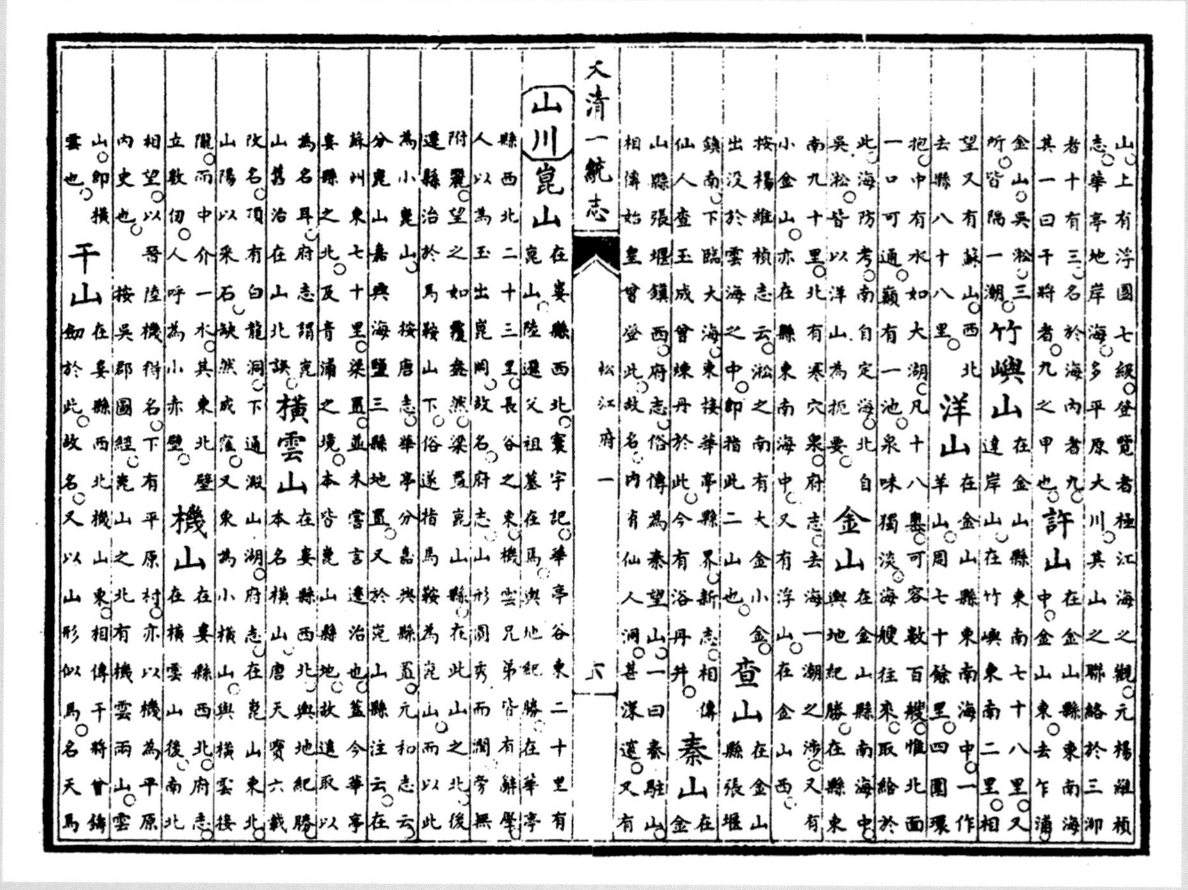

山上有浮圖七級登覽者極江海之觀元楊維楨志華亭地岸海多平原大川其山之聯絡於三泖者十有三名於海內者九其一曰干將者九之甲也許山在金山縣東南海中金山東去乍浦金山吳淞三所皆隔一湖竹嶼山在金山縣東南七十八里又連岸山在竹嶼東南二里相望又有蘇山西北去縣八十八里洋山在金山縣東南海中一作羊山周七十餘里四圍環抱中有水如大湖凡十八嶴可容數百艘惟北面一口可通巔有一池泉味獨淡海艘往來取給於此海防考南自定海北自吳淞皆以洋山為扼要金山在金山縣南海中輿地紀勝在縣東南九十里北有寒穴泉府志去海一潮之涉又有小金山亦在縣東南海中又有浮山在金山西按楊維楨志云淞之南有大金小金出沒於雲海之中即指此二山也查山在金山縣張堰鎮南下臨大海東接華亭縣界新志相傳仙人查玉成曾煉丹於此今有浴丹井秦山在金山縣張堰鎮西府志俗傳為秦望山一曰秦駐山相傳始皇曾登此故名內有仙人洞甚深邃又有

大清一統志　松江府一　六

山川

崑山在婁縣西北寰宇記華亭谷東二十里有崑山陸遜父祖葬在焉輿地紀勝在華亭縣西北二十三里長谷之東機雲兄弟皆有辭人以為玉出崑岡故名府志山形潤秀而潤旁無附麗望之如覆釜然梁置崑山縣在此山之北後遷縣治於馬鞍山下俗遂指馬鞍為崑山而以此為小崑山按唐志華亭分嘉興縣置元和志云分崑山嘉興海鹽三縣地置又於崑山縣注云在蘇州東七十里梁置並未嘗言遷治也蓋今華亭婁縣之北及青浦之境本皆崑山縣地故遂取以為名耳府志謂崑山舊治在山北誤橫雲山在婁縣西北輿地紀勝本名橫山唐天寶六載改名頂有白龍洞下通澱山湖府志在崑山東北山陽以采石缺然成窪又東為小橫山與橫雲接隴而中介一水其東北壁立數仞人呼為小赤壁機山在婁縣西北府志在橫雲山後南北相望以晉陸機得名下有平原村亦以機為平原內史也按吳郡圖經崑山之北有機雲兩山雲山即橫雲也干山在婁縣西北機山東相傳干將曾鑄劍於此故名又以山形似馬名天馬

（嘉庆）大清一统志　清·穆彰阿等 修

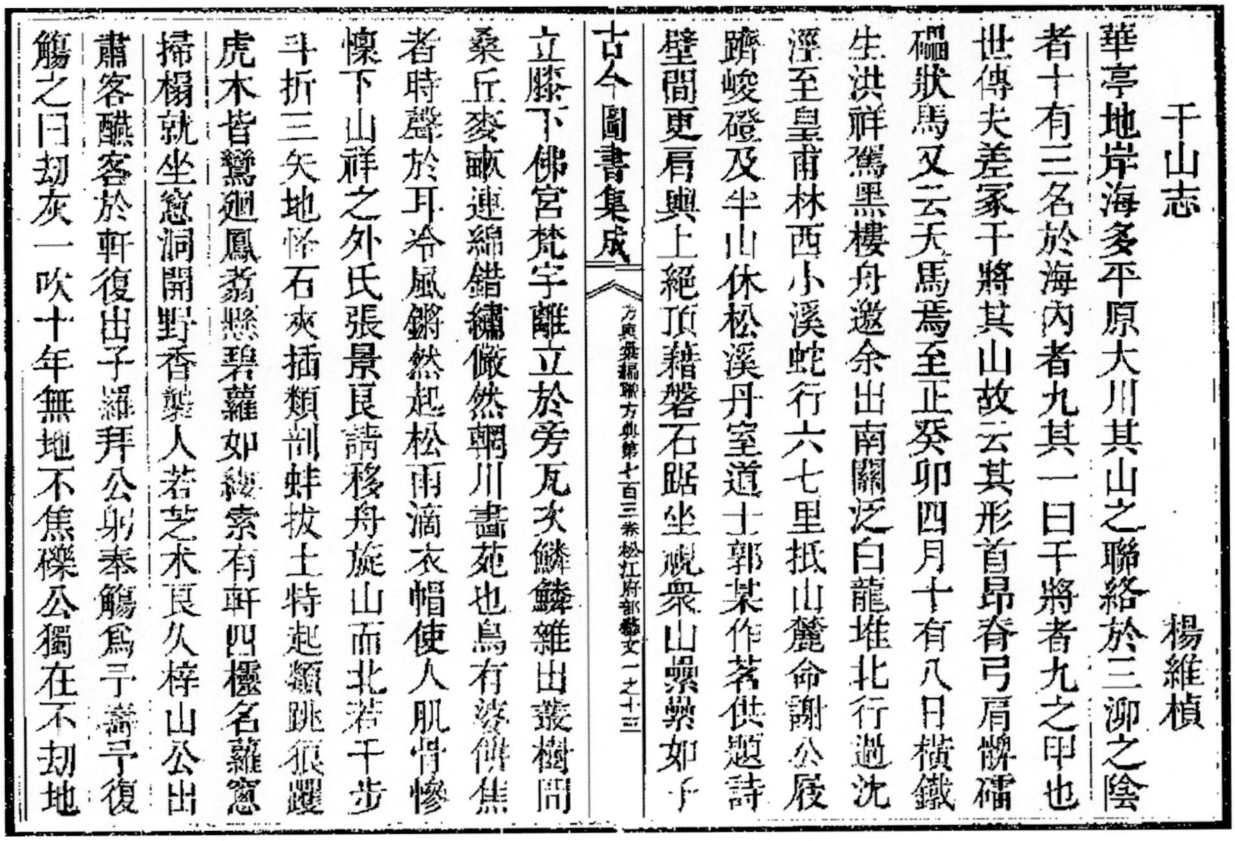

干山志　　楊維楨

華亭地岸海多平原大川其山之聯絡於三泖之陰
者十有三名於海內者九其一曰干將者九之甲也
世傳夫差冢干將其山故云其形首昂脊弓肩髀礌
礧狀馬又云天馬焉至正癸卯四月十有八日横鐵
生洪祥駕黑樓舟邀余出南關泛白龍堆北行過沈
涇至皇甫林西小溪蛇行六七里抵山麓命謝公屐
躋峻磴及半山休松溪丹室道士郭某作茗供題詩
壁間更肩輿上絕頂藉磐石踞坐覜衆山纍纍如子

古今圖書集成　方輿彙編職方典第七百三卷松江府部藝文一之十三

立膝下佛宮梵宇離立於旁瓦次鱗鱗雜出叢樹間
桑丘麥畈連綿錯繡儼然輞川畫苑也鳥有婆餅焦
者時聲於耳冷風翛然起松雨滴衣帽使人肌骨慘
慄下山祥之外氏張景良請移舟旋山而北若干步
斗折三矢地怪石夾插類削蚌拔土特起類跳猊躍
虎木皆鸞廻鳳翥懸碧蘿如纓索有軒四楹名蘿窗
掃榻就坐窗洞開對香樂人若芝朮良久梓山公出
肅客醮客於軒復出子孫拜公躬奉觴爲予壽予復
觴之曰刼灰一吹十年無地不焦礫公獨在不刼地

杨维桢《干山志》 古今图书集成·职方典　清·陈梦雷等 辑

春濤海揚聞鼍色遊子煙香畫舫還一

貝瓊　干山夜泊　一水縈無鬱繞通艤子舟連

山分秀色絕境散窮愁行與月相逐卧看天倒

流野人應不識林鳥自相求

陶宗儀　水色巴蛇遶澱湖山蟠天馬載浮屠

重重桑柘平原近閃閃烏鴉落日晡林廟幡鐙

祠岱岳江城雉堞帶東吳歸心自是愁如織只

怕遊人唱鷓鴣

錢福　天馬山歌　太和小停大塊蹲天馬突兀

空中起昂頭半隱江湖尖掉尾横截河東水朝

雲暮雨倏忽變化神龍然跬步不許施千里移

天子八極遊七駿渡海一托留秦王鞭之不可

材羈勒卸轡誰能救紛紛機雲徒横縣叱詫相

倚倚城空飽吸文賦消適足相汚誰相保伯樂

不敢御造父非能使我來乘之觀扶桑可以意

屬不敢指受吾羈黃雲千頃真膏腴受吾餘震

澤蕩破桃花錫受吾稼穹窿隱隱峯削錢受吾

銜紅硯萬丈貫穿日月雙維鋭行與行止與止

鐘鼓樓臺帆雙耳直與東南塡傾圮剪爾叢萬

室寒兒盡薪蠟鑿爾歸滄溟流驛行長堤劉爾

昇雨散雲收半含日捫爾齒鬃鬃滄桑壽可紐

陶宗仪《干山诗》（崇祯）松江府志 明·方岳贡、陈继儒 纂

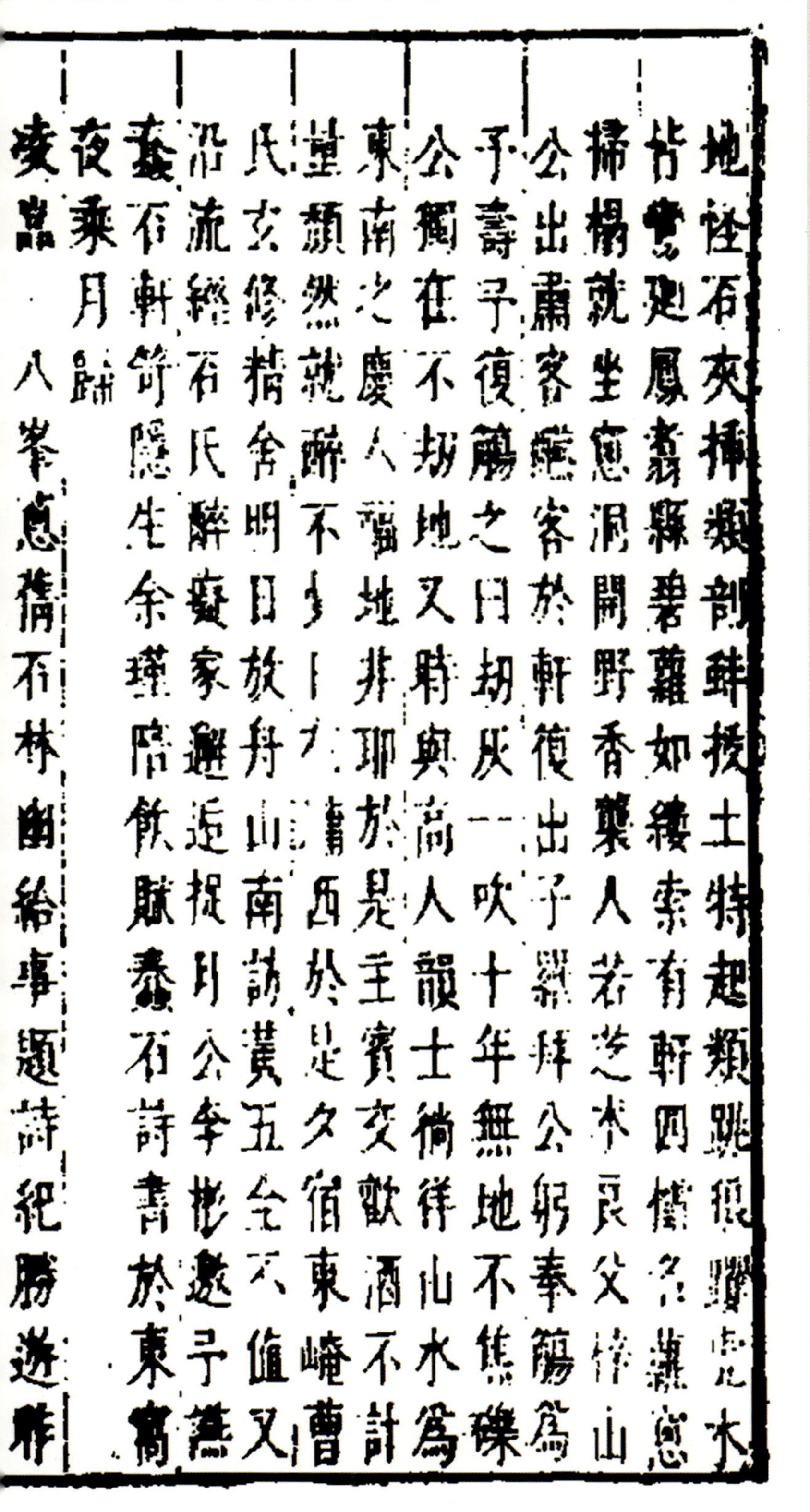

地陘石夾揷巘剖鋅援土特起類跳猊蹲虎水
皆雲起鳳翥騫碧蘿如縷索有軒四檐名瀟憩
掃榻就坐窻洞開野香襲人若芝朮良父梓山
公出肅客燕客於軒復出子孫拜公躬奉觴為
予壽予復觴之曰劫灰一吹十年無地不焦礫
公獨在不劫地又將與高人韻士徜徉山水為
東南之慶人福地非耶於是主賓交歡酒不計
量頹然就醉不[illegible]書西於是夕宿東崦曹
氏玄修精舍明日放舟山南訪黃五參不值又
沿流經石氏醉癡家邂逅提舉公季彬邀予燕
蠶石軒訪隱生余璞隱飲賦蠶石詩書於東壁
夜乘月歸
凌崑．八峯息橋石林幽絡事題詩紀勝遊作

陶宗仪（1316—1403 后）

元末明初文学家、学者。字九成，号南村，浙江台州黄岩人。元末为避乱客居泗泾，筑“南村草堂”，几十年间以著书授徒为乐。工诗词，精书法，勤著述。著有《南村诗集》《沧浪棹歌》，编有《说郛》一百卷、《南村辍耕录》三十卷、《书史会要》九卷。

鄉心戀戀隨君發隨君發四千里滔滔日夜如流
水流水猶能到海涯我獨何爲在燕邸燕邸春風
春不私陽春消息梅花知知君亦有梅花意執手
臨岐爲賦詩賦詩不盡臨岐興馬首高山矗雲礎
漫爾長歌飛羽商更宮歷徵傾君聽君聽緩轉歌
楊花楊花不似客情多情多且莫傷南浦南浦江
淥賦若何淛綠溶溶浦艸碧艸碧沙明鷺鷥白人
生若此鷺鷥閒江湖誰似風波客風波滿眼君莫
隺灘集卷一　　十四　沈氏梅居
輕出門入門皆遠行我歌未希君意去烟花三月
春冥冥

天馬山歌

太和小停大塊痞天馬突兀空中起昂頭半隱江
南雲掉尾橫截湖東水朝雲莫雨倏忽變化神龍
然蹤步不行拖千里穆天子八極游七駿度海一
此罶秦王鞭之不可動羈勒卸盡誰能收紛紛機
雲徒橫槊叱詫相倚儔城空崔唉文賦銷適足相

钱福《天马山歌》　钱太史鹤滩稿　明 · 钱福 撰

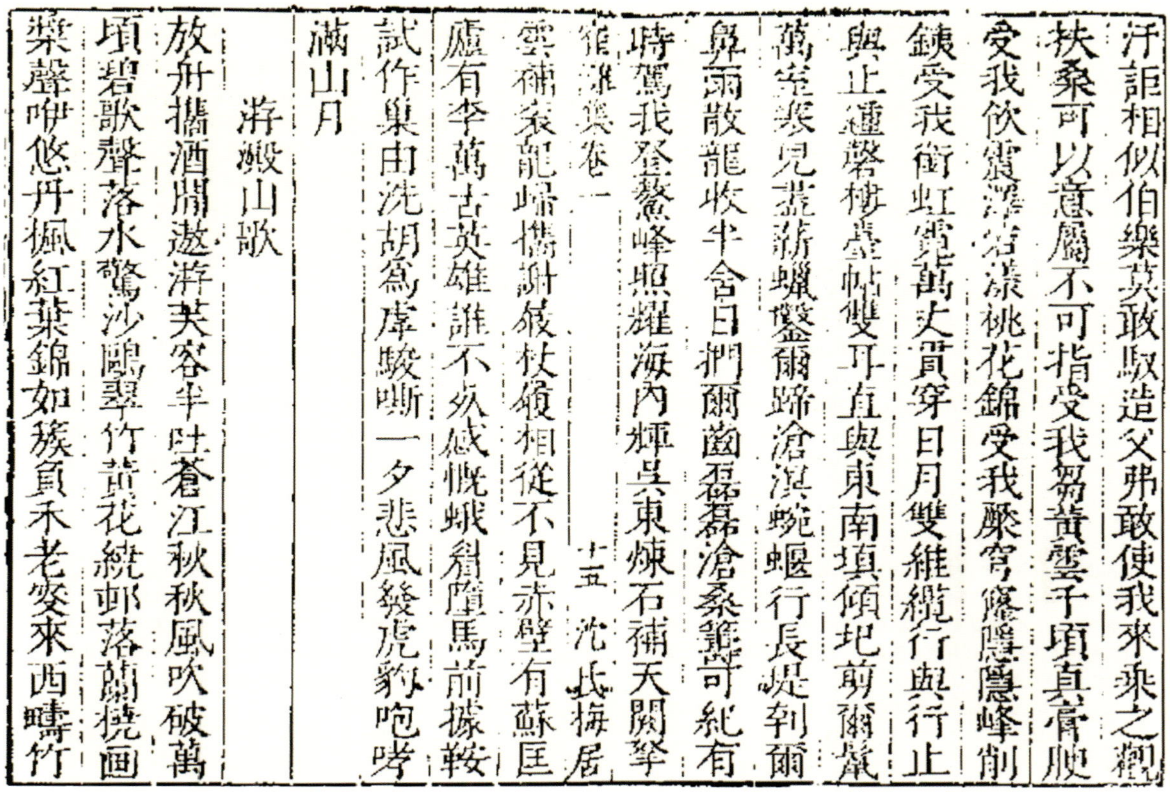

汗詎相似伯樂莫敢馭造父弗敢使我來乘之觀
扶桑可以意屬不可指受我芻黃雲千頃真膏腴
受我飲霞漿沼漾桃花錦受我靡穹窿隱隱峰削
鍊受我銜虹霓萬丈貫穿日月雙維纜行與行止
與止遷磬梯蟲幘雙耳直與東南填傾圯剪爾鬣
萬室裝兒譏新蠟鑿爾蹄滄溟蜿蝘行長堤剚爾
鼻雨散龍收半含日捫爾齒磊磊滄桑籠哥紀有
時駕我登鰲峰照耀海內輝吳東煉石補天闕孥
鶴灘集卷一　十五　沈氏梅居
雲補袞龍婦攜斜綴杖履相從不見赤壁有蘇匡
廬有李萬古英雄誰不死感慨蛾眉隨馬前據鞍
試作集由洗胡爲虜駿嘶一夕悲風發虎豹咆哮
滿山月

游澱山歌

放舟攜酒開遨游芙蓉半吐蒼江秋秋風吹破萬
頃碧歌聲落水驚沙鷗翠竹黃花繞郵落蘭撓畫
槳聲咿悠丹楓紅葉錦如簇負禾老麥來西疇竹

钱　福（1461—1504）

字与谦，号鹤滩，华亭人。明弘治三年（1490）状元，授翰林院修撰。六年，任会试同考。后即托病告归，不再出仕。工诗能文，与王鏊齐名，称大家。与顾清、沈悦并称“三杰”。著有《鹤滩集》《尚书丛说》等，其《明日歌》广为流传。

钱福像　松江邦彦画像册　清・徐璋绘

浙游日记[1]

徐弘祖 著　　徐建春 补充校注

丙子[2]九月十九日　余久拟西游，迁延二载，老病将至，必难再迟。欲候黄石斋[3]先生一晤，而石翁杳无音至；欲与仲昭兄把袂而别，而仲兄又不南来。昨晚趋晤仲昭兄于土淒庄。今日为出门计，适杜若叔至，饮至子夜，乘醉放舟。同行者为静闻师[4]。

二十日　天未明，抵锡邑[5]。比晓，先令人知会王孝先，自往看王受时，已他出。即过看王忠纫，忠纫留酌至午，而孝先至，已而受时亦归。余已醉，复同孝先酌于受时处。孝先以顾东曙家书附橐[6]中。时东曙为苍梧道[7]，其乃郎伯昌所寄也。饮至深夜，乃入舟。

二十一日　入看孝先，复小酌。上午发舟，暮过虎丘[8]，泊于半塘。

二十二日　早[9]为仲昭市竹椅于半塘。午过看文文老乃郎，并买物阊门。晚过葑门[10]看含晖兄。一见辄涕泪交颐[11]，不觉为之恻然。盖含晖遁迹吴门且[12]十五年，余与仲昭屡访之。虽播迁[13]之余，继以家荡子死，犹能风骚自遣；而兹则大异于前，以其孙之剥削无已，而继之以逆也。因复同小酌余舟，为余作与诸楚玙[14]书，诸为横州[15]守。夜半乃别。

二十三日　复至阊门取染绸裱帖。上午发舟。七十里，晚至昆山[16]。又十余里，出内村，下青洋江，绝江而渡，泊于江东之小桥渡侧。

二十四日　五鼓行。二十里至绿葭浜[17]，天始明。午过青

浦[18]。下午抵佘山[19]北，因与静闻登陆，取道山中之塔凹而南。先过一坏圃，则八年前中秋歌舞之地，所谓施子野之别墅了。是年，子野绣圃征歌甫就，眉公同余过访，极其妖艳。不三年，余同长卿过，复寻其胜，则人亡琴在，已有易主之感。已售兵郎[20]王念生。而今则断榭零垣，三顿而三改其观，沧桑之变如此。越塔凹，则寺已无门，惟大钟犹悬树间，而山南徐氏别墅亦已转属。因急趋眉公顽仙庐。眉公[21]远望客至，先趋避；询知余，复出，挽手入林，饮至深夜。余欲别，眉公欲为余作一书寄鸡足二僧，一号弘辩，一号安仁。强为少留，遂不发舟。

二十五日　清晨，眉公已为余作二僧书，且修以仪[22]。复留早膳，为书王忠纫乃堂[23]寿诗二纸，又以红香米写经大士馈余。上午始行。盖前犹东迁之道，而至是为西行之始也。三里，过仁山。又西北三里，过天马山。又西三里，过横山。又西二里，过小昆山[24]。又西三里入泖湖[25]，绝流而西，掠泖寺而过。寺在中流，重台杰阁，方浮屠五层，辉映层波，亦泽国之一胜也。西入庆安桥，十里为章练塘[26]。其地为长洲[27]南境，亦万家之市也。又西十里为蒋家湾，已属嘉善[28]。贪晚行，为听蟹群舟所惊，亟入丁家宅[29]而泊。在嘉善北三十六里，即尚书改亭公之故里。

二十六日　过二荡，十五里为西塘[30]，亦大镇也，天始明。西十里为下圩荡，又南过二荡，西五里为唐母村，始有桑。又西南十三里为王江泾[31]，其市愈盛。直西二十余里，出澜溪之中。西南十里为前马头，又十里为师姑桥。又八里，日尚未薄崦嵫，而计程去乌镇尚二十里，戒于萑苻[32]，泊于十八里桥北之吴店村浜。其地属吴江[33]。

二十七日　平明行，二十里抵乌镇[34]，入叩程尚甫。尚甫方游虎埠，两郎出晤。捐橐中资[35]，酬其昔年书价，遂行。西南十八里，连市[36]。又十八里，寒山桥。又十八里，新市[37]。又十五里，曹村，

徐弘祖《浙游日记》　徐霞客在浙江　石在、徐建春、陈良富 主编

徐霞客像

徐弘祖（1587—1641）

明代地理学家、旅行家。字振之，号霞客，南直隶江阴（今属江苏）人。幼年好学，博览图经地志。后专心从事旅行，足迹所到，北至燕、晋，南及云、贵、两广。有《徐霞客游记》传世。徐霞客一生5次到访松江，3次拜会“山中宰相”陈继儒，其“霞客”别号亦为陈继儒所取。崇祯九年（1636）九月，徐霞客从佘山启程，过辰山、天马山，开始了他最后一次西南万里行。

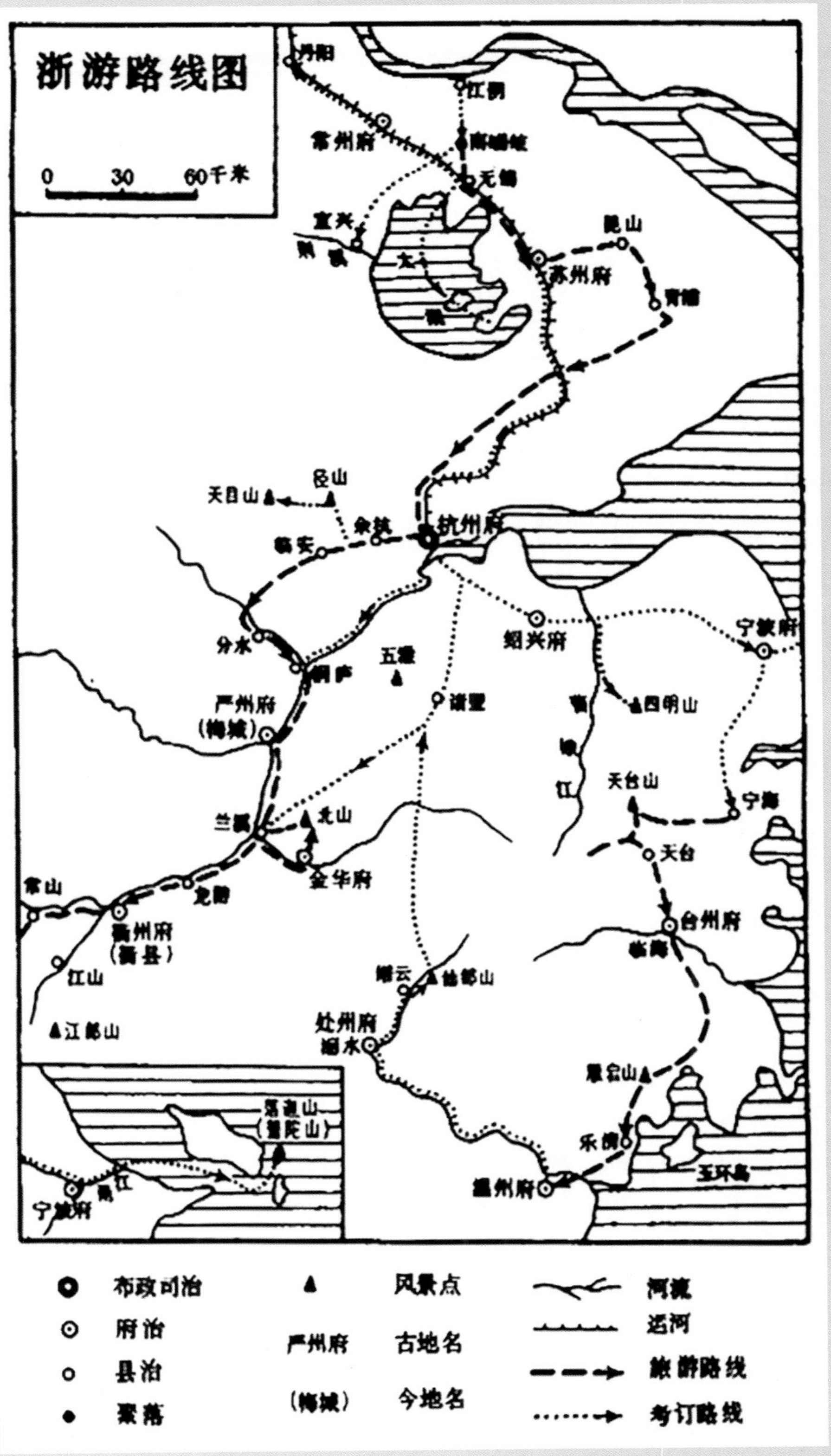
浙游路线图
0 30 60千米
丹阳
江阴
常州府
无锡
宜兴
苏州府
昆山
天目山
径山
余杭
临安
杭州府
分水
桐庐
五泄
诸暨
绍兴府
宁波府
四明山
严州府
(梅城)
兰溪
金华府
龙游
常山
衢州府
(衢县)
江山
江郎山
缙云
仙都山
处州府
丽水
天台山
宁海
天台
台州府
临海
雁宕山
乐清
温州府
玉环岛
宁波府
布政司治
府治
县治
聚落
风景点
严州府 古地名
(梅城) 今地名
河流
运河
旅游路线
考订路线

江山麗藻歸文賦京洛浮沉負釣磯白袷未還青蓋遠辨亡書在故園非

橫雲山

橫雲插漢領諸峰雨過泉飛亂壑松赤壁豈徑新戰伐丹楓須記舊游蹤
祠荒故相江郵鼓客散名園蘭若鐘莫信參龍雲不去此山雲只爲人龍

山有龍母祠又陸雲故宅

天馬山

龍媒天馬出昆崙青海長留汗血痕此地千將騰劍氣何來逸足鑠雲根
石鯨潭影秋風動山有二石魚飛去鐵笛江聲夜雨昏鐵崖葬處匆秣可辭銜勒免空
山長放主人恩

小昆山

積玉昆岡絕代無讀書臺上賦吳都君臣割據空祠廟家國經營入畫圖
勢去河橋悲士馬詩成山館憶蓴鱸傷心白壁投何處汗簡淒涼陸大夫

送贛州會庭聞孝廉移家甯夏

十年走馬向天涯回首關河數暮鴉大庾嶺頭初罷戰賀蘭山下不思家
詩成磧裏因聞雁書到江南定落花夜半酒樓羌笛起軟裘衝雪踏鳴沙

贈何匡山

早年納節卧滄浪回首風塵鬢髮蒼陶令軍營姑孰口大兵收溧陽謝公叅其軍事
游墅石門莊後僑寓溧陽太白所謂石門精舍即其地也山田種罷輸常稅海國歸來認故鄉
何本廖城人今歸二月村居春雨足官梅花發爲何郎

吴伟业《天马山》　梅村家藏稿　清·吴伟业 撰

神山

紫蓋青童白鹿巾細林仙館鶴書頻洗來丹井千年藥蜕去靈蛇五色鱗

洞起春雲招勝侶潭空秋月證前身赤松早見留侯志何況商顏避世人

佘山

溪堂剪燭話徵君通隱昇平半席分茶笋香來朝命酒竹梧陰滿夜論文

知交倒屣傾黄閣妻子誅茅住白雲處士盛名收不盡至今山屬佘將軍

薛山

薛公高卧始何年學士傳家有墓田枉自布衣登侍從長將雲壑讓神仙

坐來石榻蒼苔冷採得溪毛碧藕鮮最愛玉屏山下路月明橋畔五湖船

吴伟业（1609—1672）

明末清初诗人。字骏公，号梅村、鹿樵生。江苏太仓人。明崇祯进士。入清后，官至国子祭酒。工诗文，号为“梅村体”，善词曲，亦精书画，与钱谦益、龚鼎孳并称“江左三大家”。有《梅村家藏稿》、传奇《秣陵春》、杂剧《临春阁》《通天台》等。

吴伟业像　清·顾见龙 绘

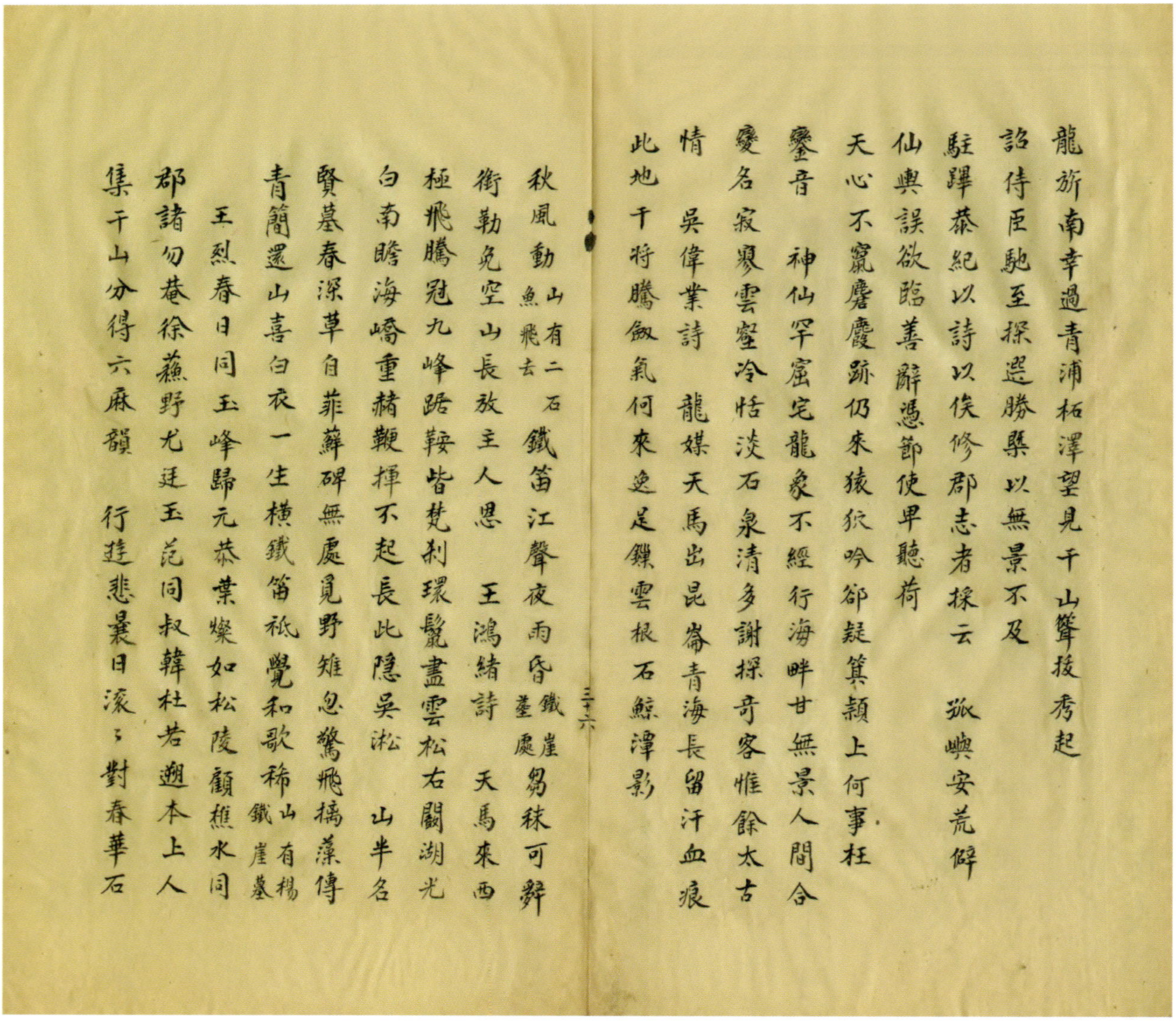

龍旂南幸過青浦柘澤望見干山聳拔秀起
詔侍臣馳至探選勝槩以無景不及
駐蹕恭紀以詩以俟修郡志者採云　瓜嶼安荒僻
仙輿誤欲臨善辭憑節使畢聽荷
天心不竄麏麚跡仍來猿狖吟卻疑箕潁上何事枉
鑾音　神仙罕窟宅龍象不經行海畔甘無景人間合
變名寂寥雲壑冷恬淡石泉清多謝探奇客惟餘太古
情　吳偉業詩　龍媒天馬出昆崙青海長留汗血痕
此地干將騰劍氣何來逸足鑠雲根石鯨潭影

三十六

秋風動山有二石魚飛去　鐵笛江聲夜雨昏鐵崖墓處芻秣可辭
銜勒免空山長放主人恩　王鴻緒詩　天馬來西
極飛騰冠九峰踞鞍皆梵刹環鬣盡雲松右闞湖光
白南瞻海嶠重赭鞭揮不起長此隱吳淞　山半名
賢墓春深草自菲蘚碑無處覓野雉忽驚飛摛藻傳
青簡還山喜白衣一生橫鐵笛秖覺和歌稀山有楊鐵崖墓
王烈春日同玉峰歸元恭葉燦如松陵顧樵水同
郡諸匃菴徐蘋野尤廷玉范同叔韓杜若邇本上人
集干山分得六麻韻　行遊悲曩日滚滚對春華石

干山志　清・周厚地 撰

浮翠疊香氣静遠此瀌溪公所以愛也池之上予家祖祠在焉雙栢亭亭秀立族父劬念就其偏小築平臺蔭以碧梧雖盛夏日色不侵清風時來池之勝可憮而有也遠岸茭蒲數叢鷗鷺鳧鷖夗央之屬飛鳴飲浴若以為家一白龜形可五寸曳尾遊綦石上予偶一見之後不復覩秋冬剪除荷蓋澄波若空沈碧落涵星斗洋洋顥氣來清神骨予每樂焉不能去乃記之以啟臨是池者

周厚地瀌池記

南干之南竹樹晻曖怪石錯列其間飛泉下注懸為瀑匯為磵積而為池者一泓湛然古干將軍淬劍池也先大父萬廬公規為園池中勝地易名瀌池作記記之池方二畝餘距山麓秖數武折而南更一渠通秀溪潮信歲久湮塞吾宗人屋其上已不可更問池畔漁磯層錯高梯環周隅岸青壁阧立紋縈縈然類神工鬼斧所雕利者松蘿莎草交映之蒼翠溢目倒影入水中似函水極清冽游魚百尾赤鱗斑文出入蘊藻中皆可狀而不可名一白龜徑五寸色玉瑩電眸朱尾宮畫爍然大父曾一見之

干山志　清 • 周厚地 撰

看劍亭

天马山汉墓出土铜镜

干将•莫邪 清•任伯年

干将•莫邪

据《吴越春秋•阖闾内传》《搜神记》《列异传》载，干将、莫邪二人为夫妇，楚王命干将铸造宝剑，三年成雌雄二剑，雄名"干将"，雌名"莫邪"，干将自知楚王必将怒其造剑迟缓而亡，故藏雄剑不献，留给其子，后其子赤鼻杀暴君报仇。海派名家任伯年有《干将•莫邪》图。鲁迅先生曾据此写成故事新编《铸剑》。

任伯年（1840—1895）

原名润，字伯年，号小楼。山阴（浙江绍兴）人。善画人物、花鸟，间作山水，书法亦参画意。久寓沪上，鬻画以终，为晚清"四任"之一，与蒲华、虚谷、吴昌硕合称"海上四大家"，是"海上画派"的先驱者。

华亭鹤唳草堂静
恍闻书声忆前贤

松江旧称华亭，又名“云间”，这两个充满诗意的名字都与松江的陆氏家族有关。据《云间陆氏家谱》载，自东汉建安二十四年（219）陆逊受封华亭侯开始到唐代，松江陆氏，文臣武将，人才辈出，有“昆山三凤，谷水二龙”之称。其中，被称为“太康之英”的陆机与其弟陆云兄弟二人，文才倾动一时，时称“二陆”。“云间”一名亦因陆云“云间陆士龙”句，而更加广为人知。《晋书·陆机传》载，陆机“年二十而吴灭，退居旧里，闭门勤学，积有十年”。天马山上曾有他们当年筑庐读书的“二陆草堂”。唐宋以来，历代文人墨客到访天马山，无不来此追忆前贤，缅怀凭吊。

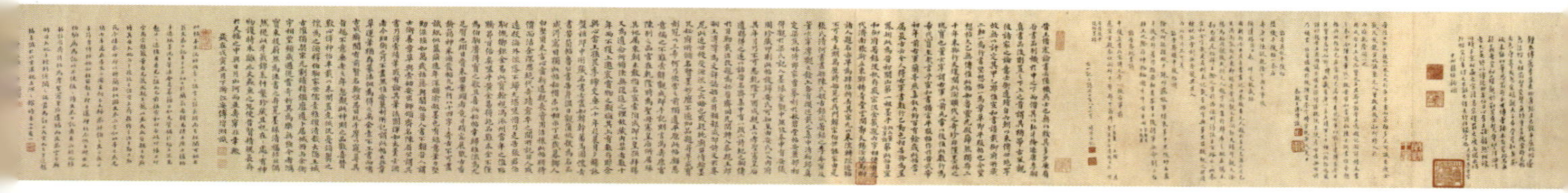

平复帖 西晋·陆机

陆 机（261—303）

西晋文学家、书法家。字士衡。华亭人。少时任吴牙门将。吴亡，归里勤学。太康末，与弟云至洛阳，文才倾动一时，时称“二陆”。曾官平原内史，世称陆平原。及成都王司马颖讨长沙王司马乂，任机为后将军、河北大都督，兵败被谗，为颖所杀。其《平复帖》有“墨皇”“祖帖”之谓。其诗“才高词赡，举体华美”，开西晋诗坛先河，尤其是重排偶的倾向对后人影响颇大。也善骈文，所作《文赋》为古代重要的文学论文。后人辑有《陆士衡集》。天马山旧有二陆草堂。

陆机像

吴郡名贤图传赞 清·顾沅 撰 孔继尧 绘

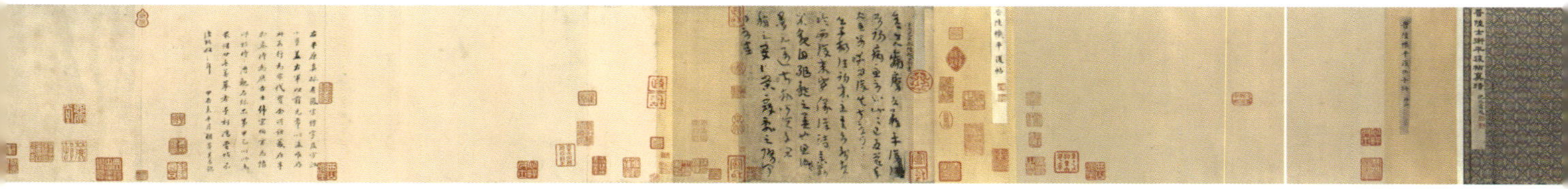

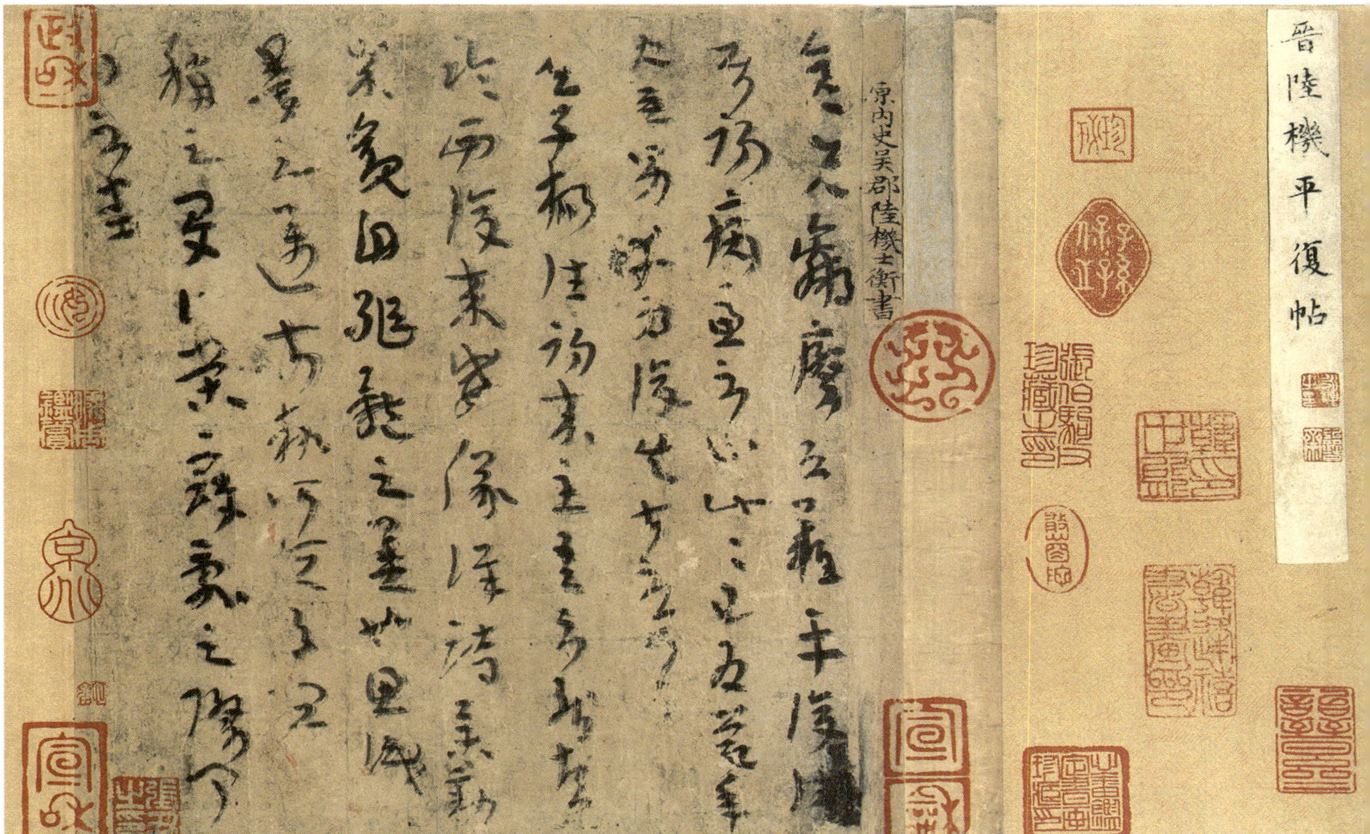
晉陸機平復帖
京内史吳郡陸機士衡書

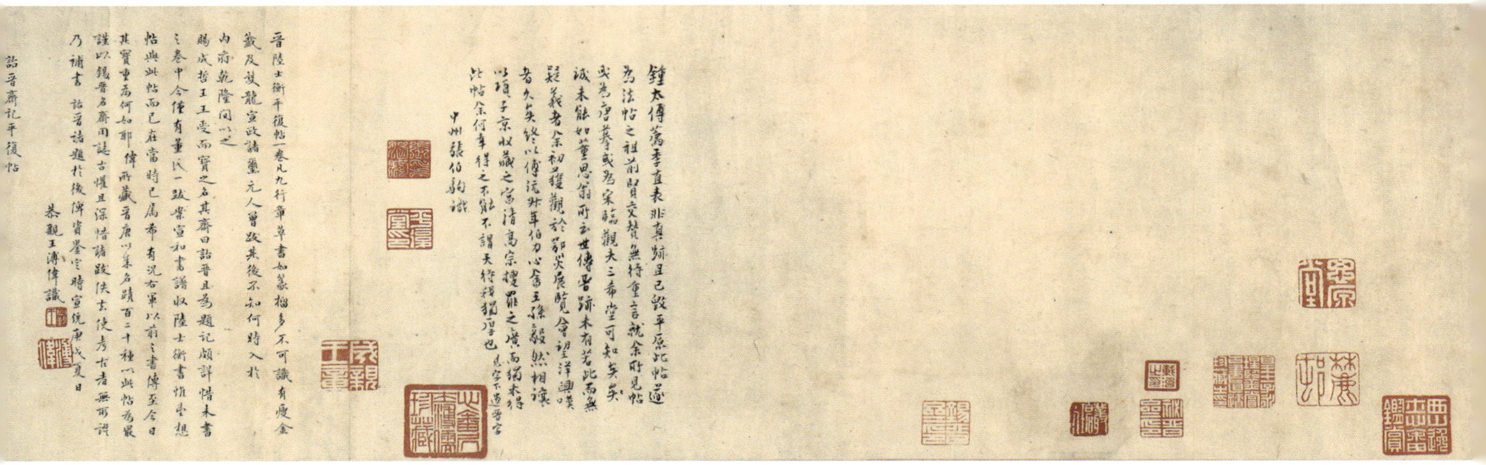

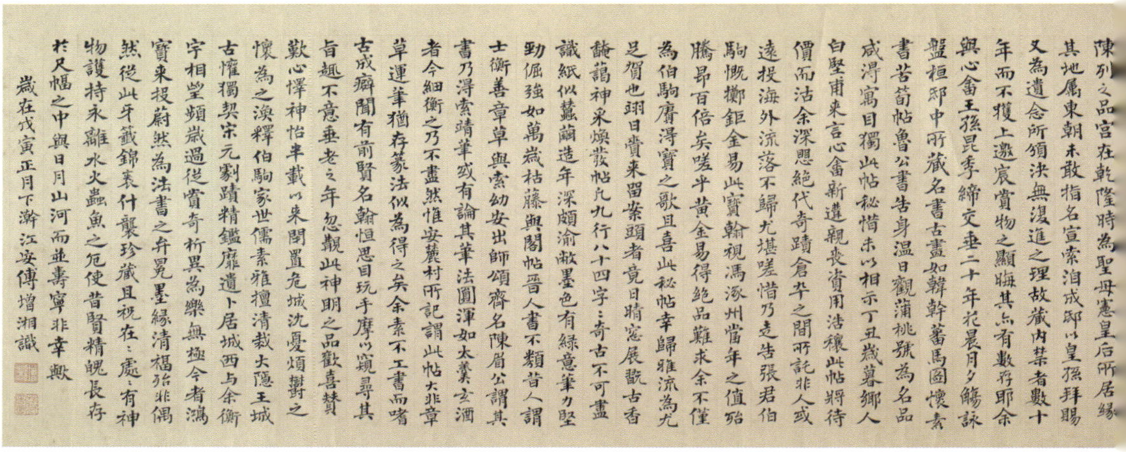

平复帖（局部） 西晋 • 陆机

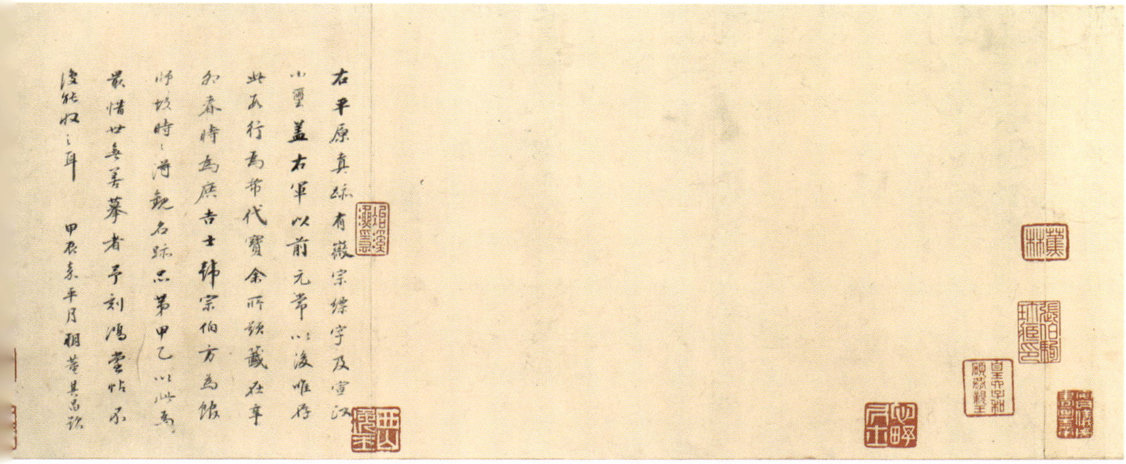
右平原真跡有徽宗標字及宣和
小璽蓋右軍以前元常以後唯存
此數行為希代寶余所題籤在辛
卯春時為庶吉士韓宗伯方為館
師故時時得觀名跡品第甲乙以此為
最惜世無善摹者予刻鴻堂帖不
復能收之耳
甲辰冬十月朔董其昌跋

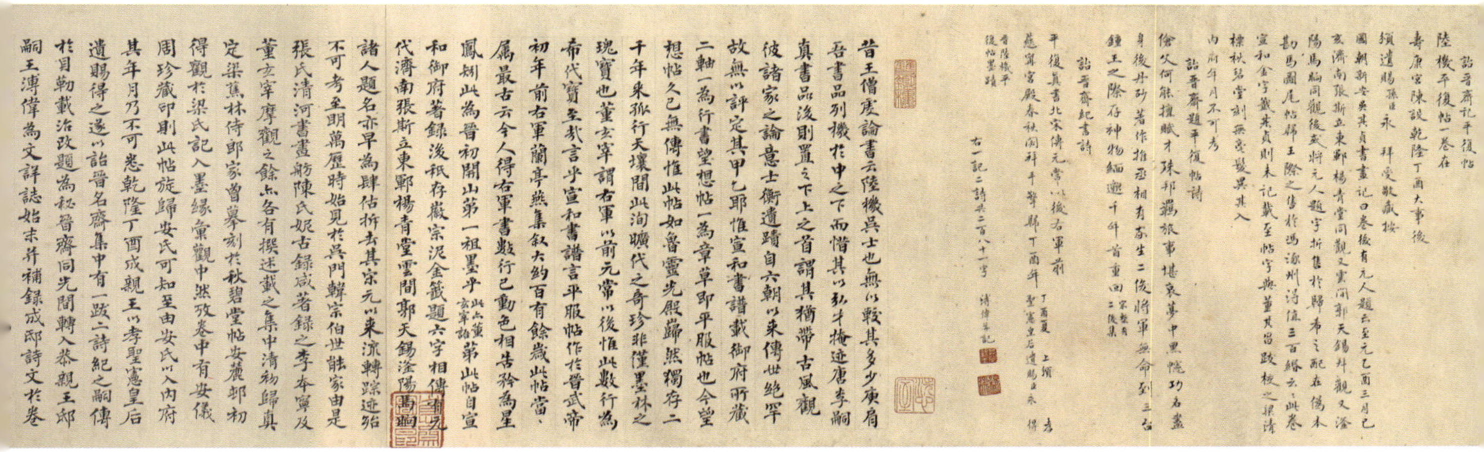
詒晉齋記平復帖
陸機平復帖一卷在
壽康宮陳設乾隆丁酉大事後
頒遺賜孫臣永　拜受敬藏按
國朝新安吳其貞書畫記曰卷後有元人題云至元乙酉三月己
亥濟南張斯立東郢楊青堂同觀又云閒郭天錫祐之觀又淦
陽馬昫同觀後歸將元人題字折售於歸希之配在偽本
勘馬圖尾帖歸王際之售於馮涿州得值三百緡云云此卷
宣和金字籤朱貞則未記載至帖字與董其昌跋校之梁清
標秋碧堂刻無毫髮異其入
內府年月不可考
詒晉齋題平復帖詩
俗父何能擅賦才珠邦羈旅事堪哀夢中黑憾功名盡
身後丹砂著作推丞相有忝生二俊將軍無命到三台
鍾王之際存神物緬邈千年首重回　宋敷有二後集
詒晉齋紀書詩
平復真書北宋傳元常以後右軍前
慈寧宮殿春秋閱拜手聲歸丁酉年　丁酉夏上頒聖憲皇后遺賜
右一記二詩共二百八十一字
溥偉并記
晉陸機平復帖墨蹟
昔王僧虔論書云陸機吳士也無以較其多少庾肩
吾書品列機於中之下而惜其以弘才掩迹唐李嗣
真書品後則置之下上之首謂其猶帶古風觀
彼諸家之論意士衡遺蹟自六朝以來傳世絕罕
故無以評定其甲乙耶惟宣和書譜載御府所藏
二軸一為行書望想帖一為章草即平服帖也今望
想帖久已無傳惟此帖如魯靈光殿巋然獨存二
千年來孤行天壤間此洵曠代之奇珍非僅墨林之
瑰寶也董玄宰謂右軍以前元常以後惟此數行為
帝代寶至哉言乎宣和書譜言平服帖作於晉武帝
初年前右軍蘭亭燕集敘大約百有餘歲此帖當、
屬最古云今人得右軍書數行已動色相告矜為星
鳳矧此為晉初開山第一祖墨乎此亦董玄宰語第此帖自宣
和御府著錄後紙存嚴宗泥金籤題六字相傳有元
代濟南張斯立東郢楊青堂雲間郭天錫淦陽馬昫
諸人題名亦早為肆估折去其宗元以來流轉蹤迹殆
不可考至明萬歷時始見於吳門韓宗伯世能家由是
張氏清河書畫舫陳氏妮古錄咸著錄之李本寧及
董玄宰摩觀之餘亦各有撰述載之集中清初歸真
定梁蕉林侍郎家曾摹刻於秋碧堂帖安麓邨初
得觀於梁氏記入墨緣彙觀中然攷卷中有安儀
周珍藏印則此帖旋歸安氏可知至由安氏以入內府
其年月乃不可悉乾隆丁酉成親王以孝聖憲皇后
遺賜得之遂以詒晉名齋集中有一跋二詩紀之嗣傳
於貝勒載治政題為秘晉齋同光間轉入恭親王邸
嗣王溥偉為文詳誌始末並補錄成邸詩文於卷

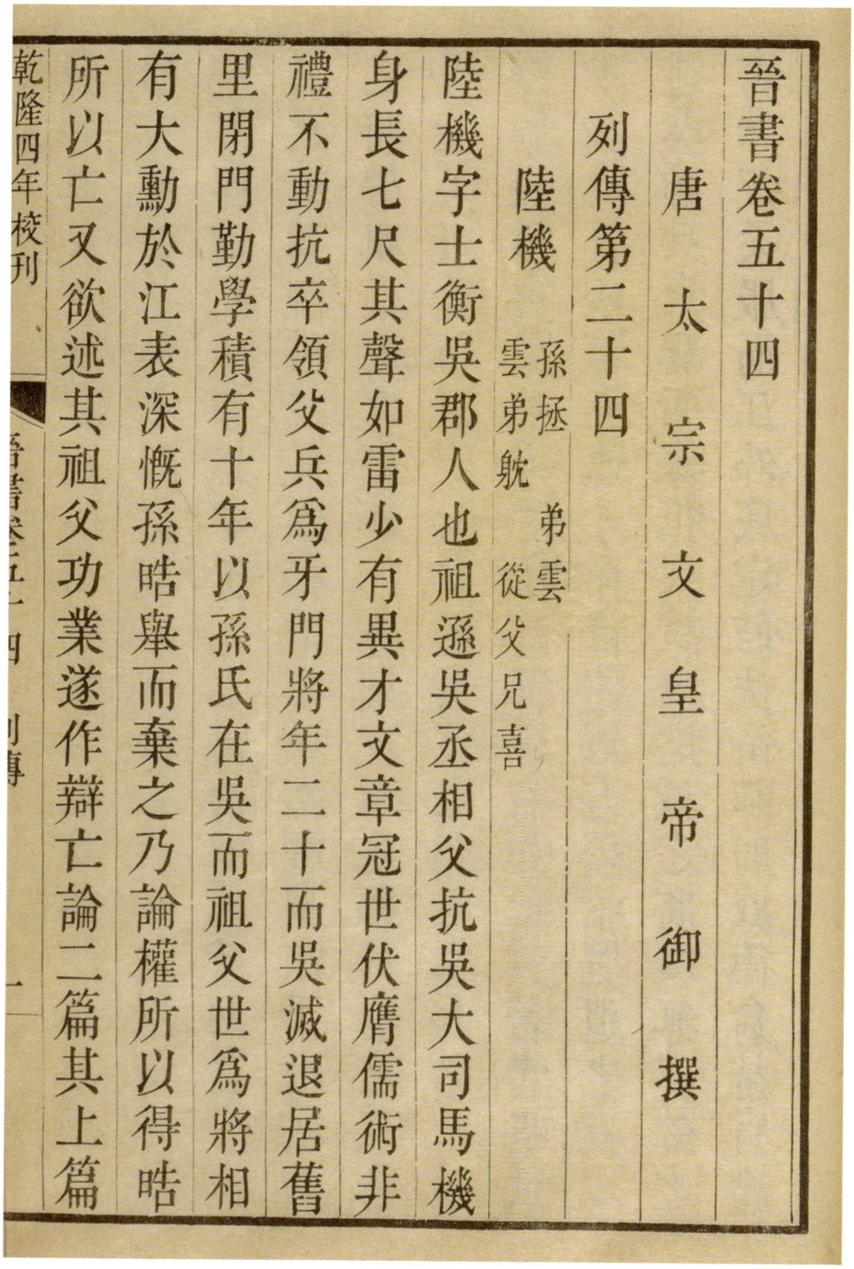
晉書卷五十四
唐太宗文皇帝御撰
列傳第二十四
陸機 孫拯 弟雲 雲弟耽 從父兄喜
陸機字士衡吳郡人也祖遜吳丞相父抗吳大司馬機身長七尺其聲如雷少有異才文章冠世伏膺儒術非禮不動抗卒領父兵爲牙門將年二十而吳滅退居舊里閉門勤學積有十年以孫氏在吳而祖父世爲將相有大勳於江表深慨孫晧舉而棄之乃論權所以得晧所以亡又欲述其祖父功業遂作辯亡論二篇其上篇
乾隆四年校刊　晉書卷五十四　列傳　一

《陆机传》 晋书 唐·房玄龄 著

拯遂死獄中而慈意亦死
雲字士龍六歲能屬文性淸正有才理少與兄機齊名
雖文章不及機而持論過之號曰二陸幼時吳尚書廣
陵閔鴻見而奇之曰此兒若非龍駒當是鳳雛後舉雲
賢良時年十六吳平入洛機初詣張華華問雲何在機
曰雲有笑疾未敢自見俄而雲至華爲人多姿制又好
帛繩纏鬚雲見而大笑不能自已先是嘗著縗絰上船
於水中顧見其影因大笑落水人救獲免雲與荀隱素
未相識嘗會華坐華曰今日相遇可勿爲常談雲因抗
手曰雲間陸士龍隱曰日下荀鳴鶴鳴鶴隱字也雲又

乾隆四年校刊　晉書卷五十四　列傳　十六

《陆云传》 晋书 唐·房玄龄 著

陆云像
吴郡名贤图传赞
清·顾沅 撰　孔继尧 绘

陆　云（262—303）

西晋文学家。字士龙。华亭人。曾任清河内史。与兄陆机在松读书十载，后机为成都王司马颖所杀，云同时遇害。以文才与机齐名，时称“二陆”。其诗颇重藻饰。《与兄平原书》论文颇有见地。有《陆士龙集》。天马山旧有二陆草堂。

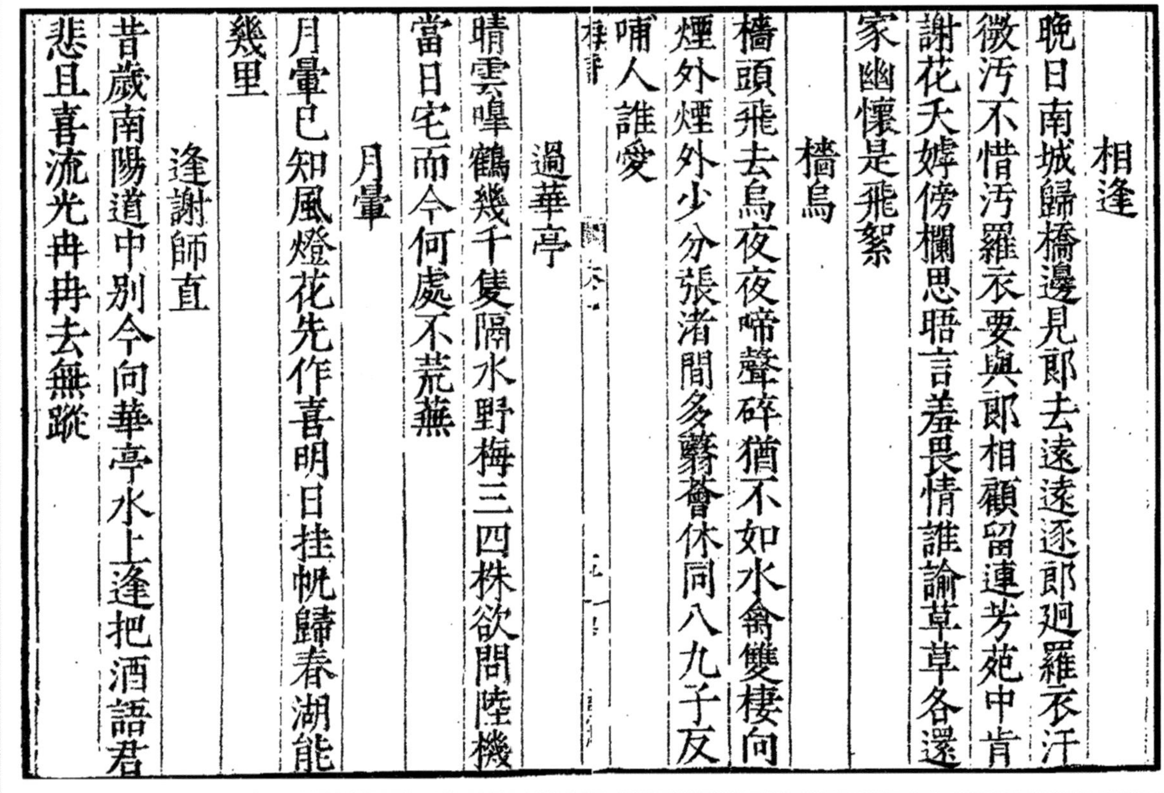
相逢
晚日南城歸橋邊見郎去遠遠逐郎迴羅衣汗
微汚不惜汚羅衣要與郎相顧留連芳苑中肯
謝花天婥傍欄思晤言羞畏情誰諭草草各還
家幽懷是飛絮
檣烏
檣頭飛去烏夜夜啼聲碎猶不如水禽雙棲向
煙外煙外少分張渚間多翳薈休同八九子反
哺人誰愛
過華亭
晴雲嗥鶴幾千雙隔水野梅三四株欲問陸機
當日宅而今何處不荒蕪
月暈
月暈巳知風燈花先作喜明日挂帆歸春湖能
幾里
逢謝師直
昔歲南陽道中別今向華亭水上逢把酒語君
悲且喜流光冉冉去無蹤

梅尧臣《过华亭》　宛陵先生集　宋 • 梅尧臣 撰

梅尧臣（1002—1060）

字圣俞，世称宛陵先生。宣州宣城人。皇祐三年（1051）赐同进士出身。嘉祐元年（1056）擢国子监直讲。于诗歌理论和创作实践均有建树，对后代影响较大。常往来于苏州、青龙镇之间。曾著有《青龙杂志》一书，记载青龙镇三十六坊、二十二桥，惜书已佚。有《宛陵先生文集》传世。

梅尧臣像
吴郡名贤图传赞　清 • 顾沅 撰　孔继尧 绘

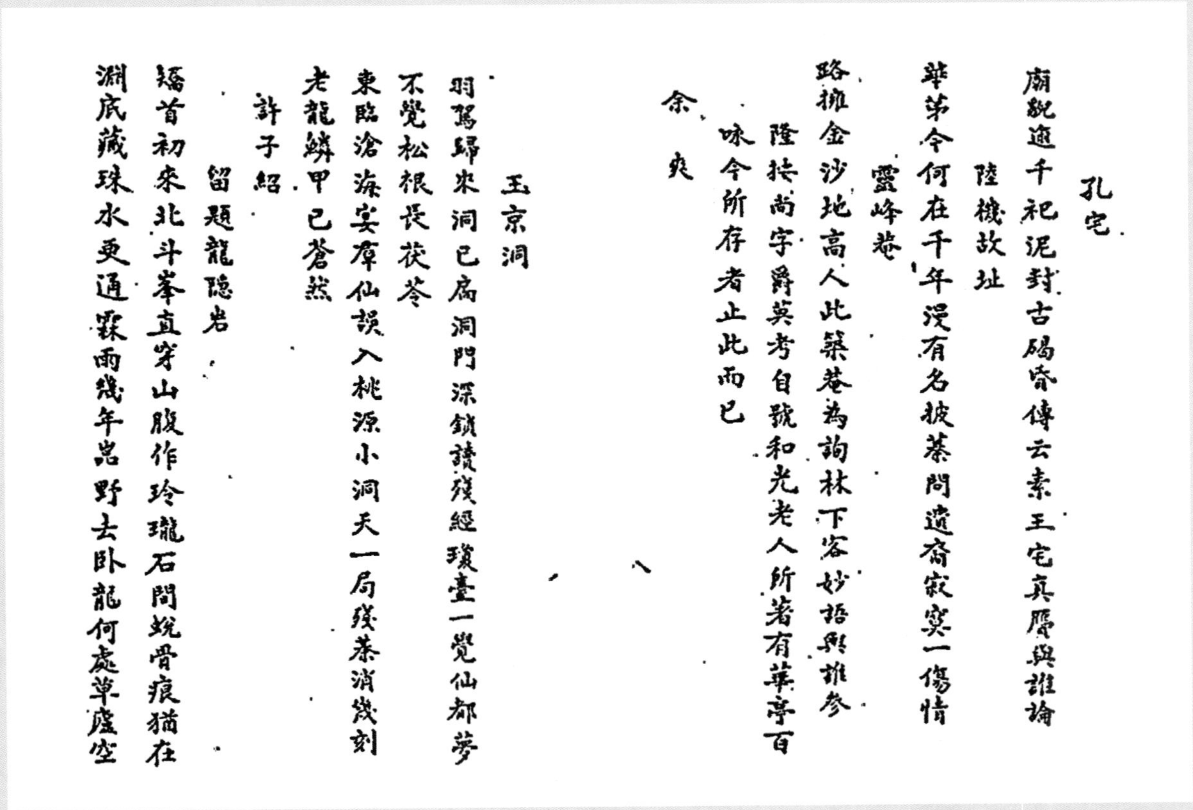

孔宅

廟貌迢千祀泥封古碣昏傳云素王宅真贋與誰論

陸機故址

華第今何在千年浸有名披蓁問遺裔寂寞一傷情

靈峰巷

路擁金沙地高人此築巷為詢林下客妙語與誰參

隆按尚字爵英考自號和光老人所著有華亭百
咏今所存者止此而已

余
爽

玉京洞

羽駕歸來洞已扃洞門深鎖讀殘經瑶臺一覺仙都夢
不覺松根長茯苓

東臨滄海宴摩仙誤入桃源小洞天一局殘棊消幾刻
老龍鱗甲已蒼然

許子紹

留題龍隱岩

矯首初來北斗峯直穿山腹作玲瓏石間蜕骨痕猶在
淵底藏珠水更通霖雨幾年思野去卧龍何處草虛空

许尚《陆机故址》　宋诗拾遗　元 • 陈世隆 辑

许 尚（生卒年不详）

宋诗人。号和光老人。华亭人。宋孝宗时以诗闻名，有《华亭百咏》一卷。

不前紫蕈荒舊隱黃耳起新阡麗藻山猶潤靈
光月並懸晝昏竟共合江淨咲應便鶴似傳清

忽螢疑映夜幕傷心流覽暇灑淚問穹玄

張公洞

採藥珠林迥尋真洞府懸隨花漁引入捫葛鹿
俱前谷抱蒸雲潤崖筝滴乳鮮霧昏三里合炬
列百枝燃斗絕疑無地霞標覺有天千巖微映
紫百道稍聞泉徑草封棋局壇松護鼎烟匡牀
猶玉簟殘坪尚芝田控鶴人何在遺宮跡宛然
憐余朝槿歲欲問大羅仙玄秘空延想排迴獨
暮旋

地益禪心

五言排律七首

天馬山過二陸讀書臺十六韻

野寺何年構層臺尚巋然故墟全覆草殘礎幾
銷煙雕櫳隔朝雉含風慘暮蟬洗苔看斷碣排
棘訪遺椽地爲詞人重名因內史傳凄涼經往
事感慨憶前賢伊昔亡吳祚相携度洛川鳳巢

包节《天马山过二陆读书台十六韵》

包侍御集　明 • 包节　撰

包　节（1506—1556）

包节像

松江邦彦画像册　清 • 徐璋　绘

明诗文家、学者。字元达，号蒙泉。嘉兴人，徙居华亭。嘉靖十一年（1532）进士，累官御史，出按云南、湖广。为中官所陷，谪庄浪卫。思母饮泣而终。其诗文受《文选》影响，但失之纤丽。著有《包侍御集》，另编有《陕西行都司志》《苑诗类选》等。

琳宫梵宇香火盛
圆智教寺曾巍然

天马山上的二陆草堂在唐代时已经湮没无存。在其原址之上，代之而起的是一座名寺古刹——圆智教寺。

据周厚地《干山志》载，圆智教寺旧名禅居，始建于唐大中十三年（859），后晋天福中因遭水患，迁至干山二陆草堂遗址。

宋太平兴国中，都水使钱绰始建堂宇。宋治平中，赐圆智教寺额。明洪武二十四年（1391），因清理佛教，归并小庵院，称丛林圆智教寺。唐宋以降，圆智教寺香火绵延，千年不息。气势雄伟，蔚为壮观的庙宇胜景也让走进其间的文人香客吟咏不辍。

崇壽寺在吳淞北楊林俗稱楊林寺宋元祐間建

福善寺在內勲浦之陽梁貞明六年僧智道建時

多虎患道至虎即避去宋大中祥符元年改今額

澱山寺在薛澱湖中山頂宋建炎初建紹興八年

賜額普光王寺明改今額

仙鶴觀在府南朝真橋東始創在橋西年月無攷

宋紹興三十一年道士葉太真復建請於朝賜今

名明初以其地設太平南倉道士陸允中始遷今

地為府境琳宮第一道紀司治焉

通圓觀在青龍鎮宋景祐元年建

圓智寺在干山唐大中十三年建于邑西南二里晉天福中壞於水始遷於干山其地晉陸士衡草堂遺址也宋治平中賜額有塔在山之半明萬歷中同卿林景賜重修法堂左為二俊祠祀二陸

布金寺在四十七保大盈村本法雲院唐太和二

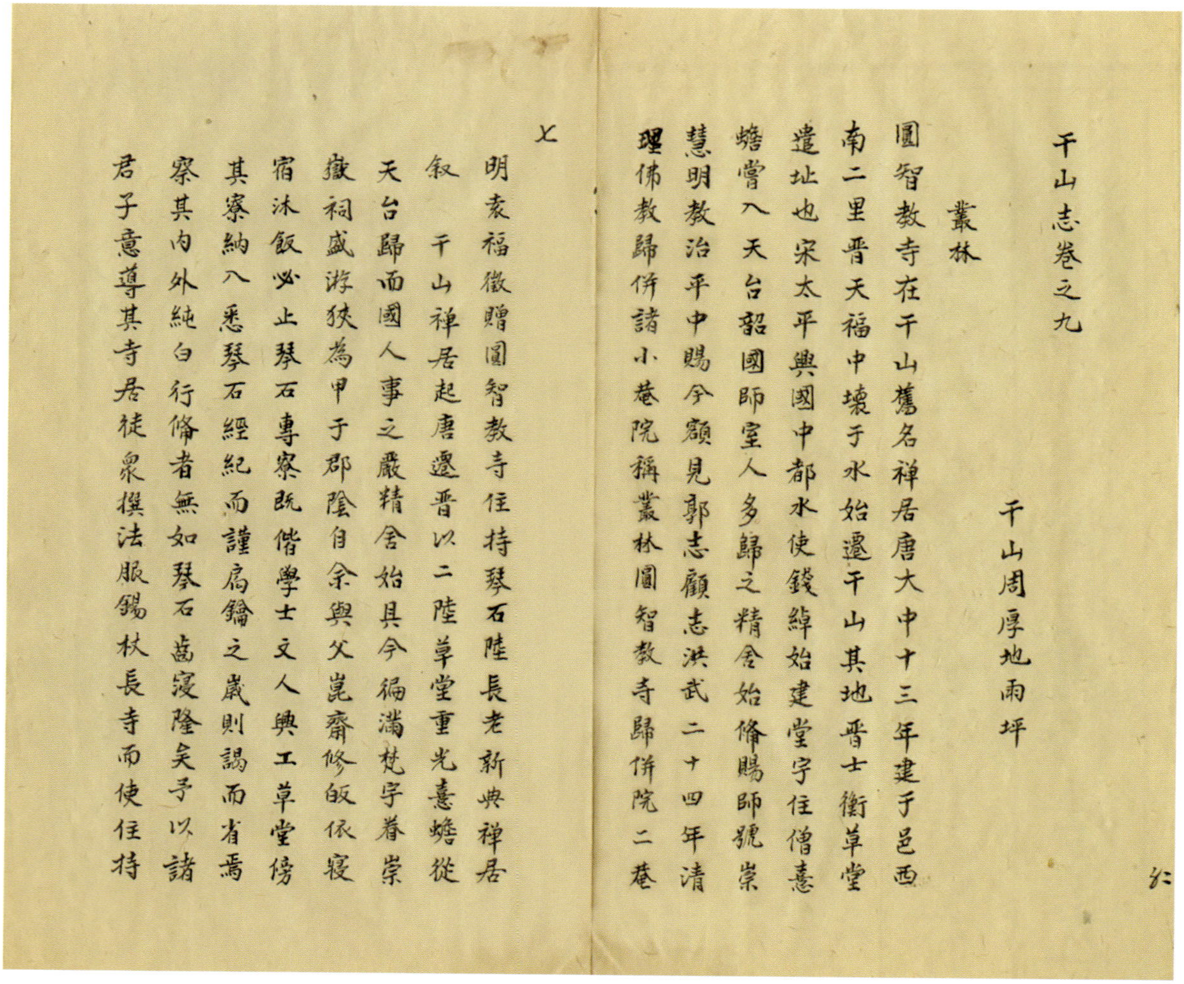
干山志卷之九

干山周厚地雨坪

叢林

圓智教寺在干山舊名禪居唐大中十三年建于邑西南二里晉天福中壞于水始遷干山其地晉士衡草堂遺址也宋太平興國中都水使錢綽始建堂宇僧憲蟾嘗入天台韶國師室人多歸之精舍始備賜師號崇慧明教治平中賜今額見郭志顧志洪武二十四年清理佛教歸併諸小菴院稱叢林圓智教寺歸併院二菴

明袁福徵贈圓智教寺住持琴石陸長老新典禪居敘

干山禪居起唐還晉以二陸草堂重光憲蟾從天台歸而國人事之嚴精舍始具今徧滿梵宇眷崇徽祠盛游狄為甲于郡陰自余與父崑齋修飯依寢宿沐飯必止琴石專寮既偕學士文人輿工草堂傍其寮納入悉琴石經紀而謹扃鑰之歲則謁而省焉察其內外純白行脩者無如琴石茲寢隆矣予以諸君子意導其寺居徒衆撰法服錫杖長寺而使住持

干山志　清 • 周厚地 撰

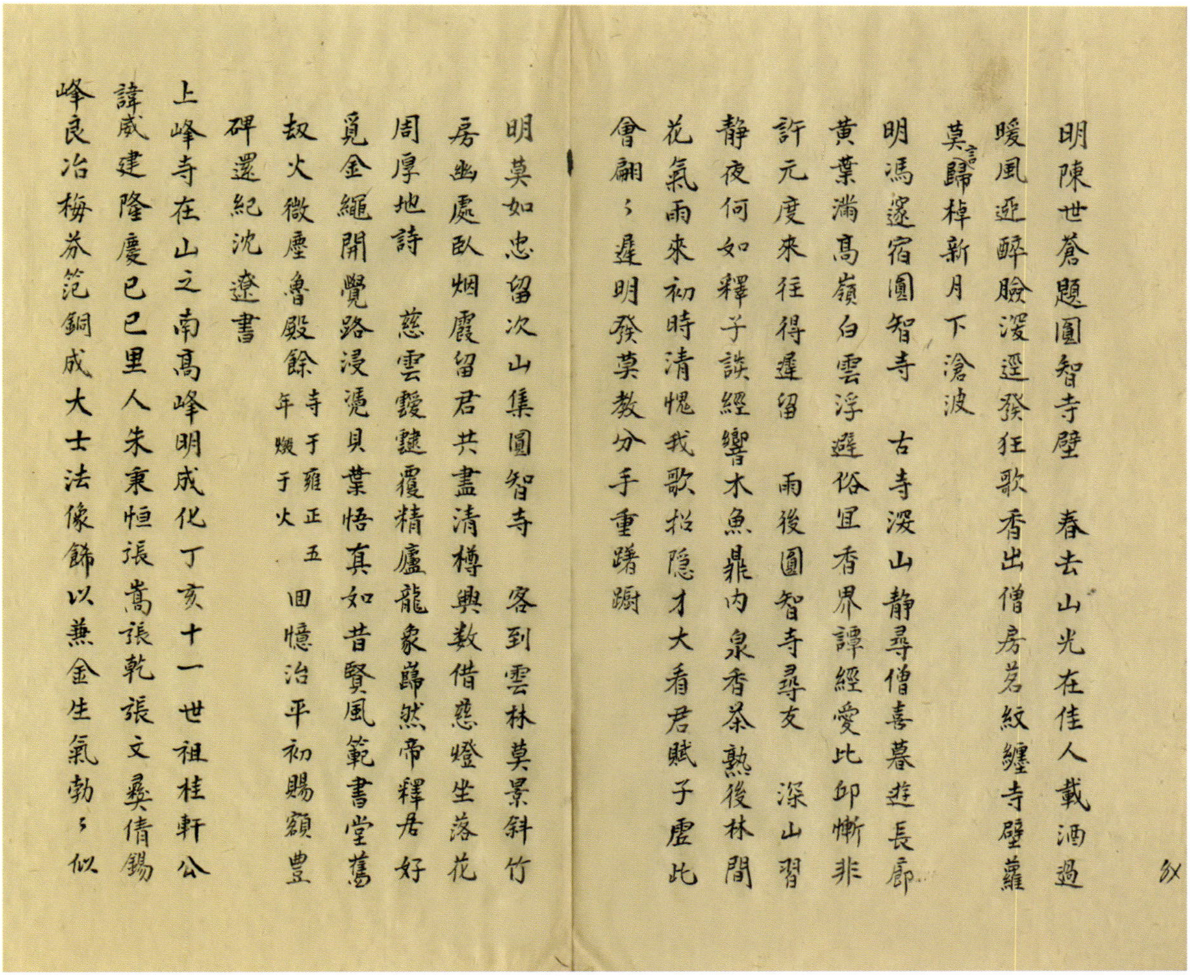
明陳世蒼題圓智寺壁　春去山光在佳人載酒過暖風迎醉臉溪逕發狂歌香出僧房茗紋纏寺壁蘿莫言歸棹新月下滄波

明馮遂宿圓智寺　古寺溪山靜尋僧喜暮遊長廊黃葉滿高嶺白雲浮避俗宜香界譚經愛比邱慚非許元度來往得遲留　雨後圓智寺尋支　深山習靜夜何如釋子談經響木魚鼎內泉香茶熟後林間花氣雨來初時清愧我歌招隱才大看君賦子虛此會翩翩匪明發莫教分手重躊躕

明莫如忠留次山集圓智寺　客到雲林莫景斜竹房幽處臥烟霞留君共盡清樽興數借悲燈坐落花

周厚地詩　慈雲靉靆覆精廬龍象歸然帝釋居好覓金繩開覺路浸憑貝葉悟真如昔賢風範書堂舊劫火微塵魯殿餘寺于雍正五年燬于火　回憶治平初賜額豈碑還紀沈遼書

上峰寺在山之南高峰明成化丁亥十一世祖桂軒公諱威建隆慶己巳里人朱東恒張嵩張乾張文奭倩錫峰良治梅恭范銅成大士法像飾以兼金生氣勃勃似

莫如忠《留次山集圆智寺》　干山志　清 • 周厚地 撰

莫如忠（1508 —1588）

字子良，号中江。华亭人。嘉靖十七年（1538）进士，累官浙江布政使。工古文词，尤精诗。书法以王羲之、怀素为宗，草书最工，势若龙蟠虎卧，行书风骨朗朗。书法受董其昌推崇。

莫如忠像　松江邦彦画像册　清 • 徐璋 绘

佛光舍利藏宝塔
斜而不倒叹奇观

位于天马山中峰的护珠塔是天马山最著名的地标建筑。护珠塔又称“宝光塔”“宝光护珠塔”，俗称“斜塔”。护珠塔始建于宋代，据宋周文达《建塔石刻记》载，南宋绍兴七年（1137），宋高宗以西域所献五色佛舍利及一领银甲，赐御前银甲将军、两浙秀州路招抚使周文达。绍兴二十七年（1157），周氏建塔藏珠，故名。传说舍利珠常闪五色光芒，故又名“宝光塔”。

护珠塔为楼阁式，砖木结构，八角七级，原高20多米，现残高18.81米。各层四面设壶门、四面设仿木直棂窗，方向依次转换。

护珠塔于明崇祯庚午（1630）、辛未（1631）重修。清乾隆五十三年（1788）因火灾，塔上木构被焚毁，仅剩砖砌塔身。后因乡民拆砖觅古钱，将底层西北面墙体拆毁，导致塔身严重倾斜，塔刹倒塌。

经测定，塔身轴心线向东南偏出2.27米，倾斜6° 52′ 52″。

1983 年 3 月 26 日，护珠塔被公布为上海市文物保护单位。1984 年，市文管委以中国传统建筑工艺立项修复，1987 年竣工。修复后的护珠塔，保持了斜而不倒的独特风貌。

护珠塔从宋时修建到清代倾斜，再到现代修复，1000 年间，虽然其形态各异，存毁不同，但无不以其独特的风貌吸引着当时的人们登临游赏，感怀喟叹。

民国时天马山脚下的牌坊

作家廟于山恭藏皇帝所賜銀甲一領昭示我後嗣
子孫復建墖七層安奉皇帝所頒五色佛舍利慶綿
國祚于無窮荅報君恩于垂暮我後之人靈根不泯
能忠君為國高步乎人天覺路向墖作禮自見佛舍
利放大光明歷恒河沙千百億劫永〻如是爰勒貞
珉以表我建墖之旨皇宋紹興二十七年歲次丁丑
四月朔日御前銀甲將軍招撫兩浙秀州路招撫使
周文達謹記

明陳繼儒修寶光墖疏　天馬山墖一現于辛亥之
四月一現于乙卯之六月九日或現兩墖或三墖或

周文达《建塔石刻记》　千山志　清•周厚地　撰

以爲憾

宋周文達建墖石刻記

粤惟皇宋建炎元年自汴扈蹕南來得承銀甲之賜奉命招撫兩浙秀州路遂留華亭地紹興七年帝命中使頒西域所獻五色佛舍利各一謂此殊異之珍劫燒之火不能焦金剛之杵不能壞期臣宣力王家一心堅固常同此舍利也

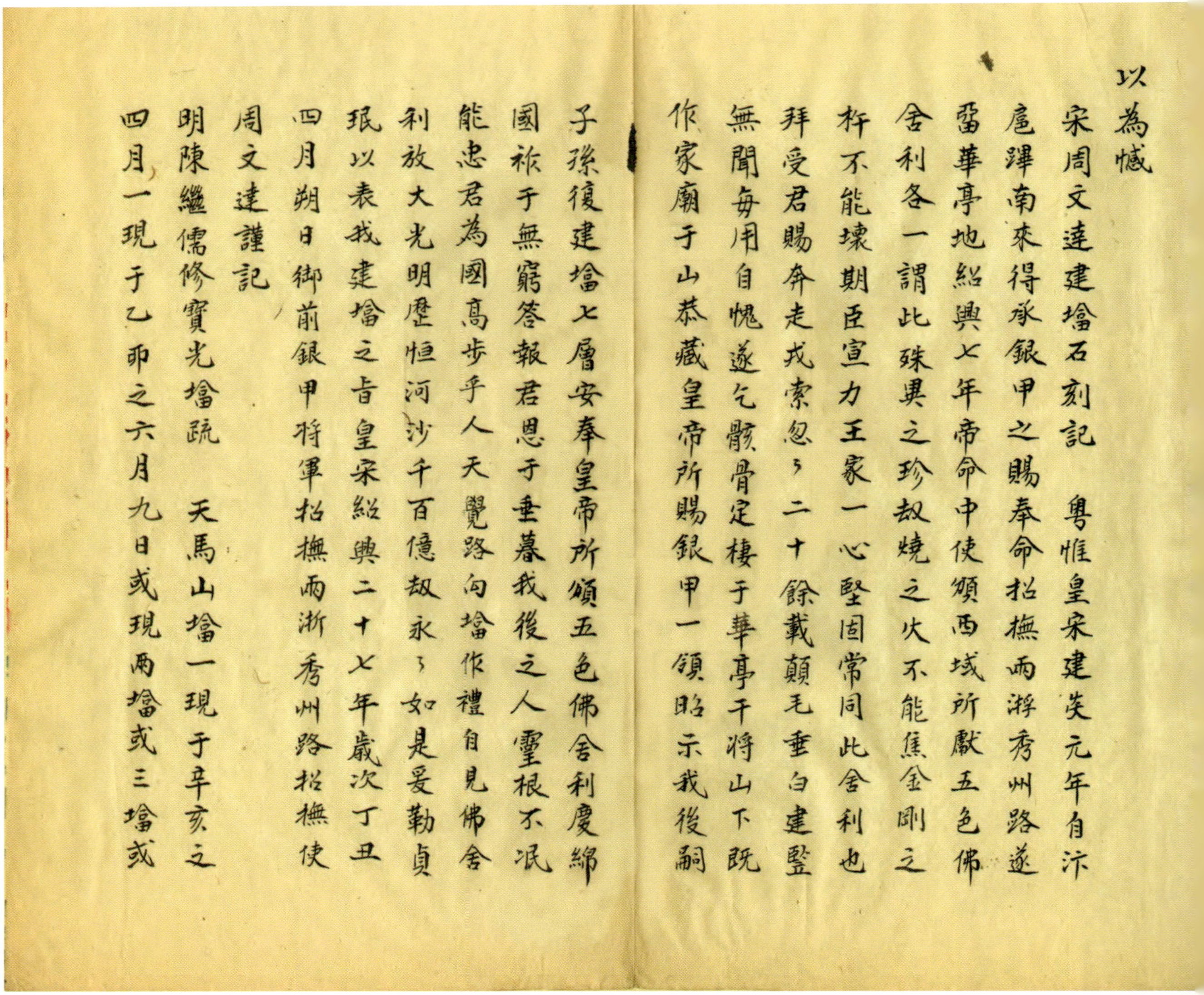

以為憾

宋周文達建塔石刻記　粵惟皇宋建炎元年自汴扈蹕南來得承銀甲之賜奉命招撫兩浙秀州路遂留華亭地紹興七年帝命中使頒西域所獻五色佛舍利各一謂此殊異之珍刧燒之火不能焦金剛之杵不能壞期臣宣力王家一心堅固常同此舍利也拜受君賜奔走戎索忽忽二十餘載顛毛垂白建豎無聞每用自愧遂乞骸骨定棲于華亭干將山下既作家廟于山恭藏皇帝所賜銀甲一領昭示我後嗣子孫復建塔七層安奉皇帝所頒五色佛舍利慶綿國祚于無窮荅報君恩于垂暮我後之人靈根不泯能忠君為國高步乎人天覺路向塔作禮自見佛舍利放大光明歷恒河沙千百億刧永永如是爰勒貞珉以表我建塔之旨皇宋紹興二十七年歲次丁丑四月朔日御前銀甲將軍招撫兩浙秀州路招撫使周文達謹記

明陳繼儒修寶光塔疏　天馬山塔一現于辛亥之四月一現于乙卯之六月九日或現兩塔或三塔或

陈继儒《修宝光塔疏》 干山志　清 • 周厚地 撰

旁翼小墖櫨斗欄楯光明色相種〻映發于烟霄中
遠近道俗見者幾千萬指奔走吁駭嘆為哥瑞父老
曰此古墖重修之徵也今有善士顧亂竹名元者首
倡修之而山中王逸岩等為募助為捐助并及地藏
殿之垂仆者皆更新焉同請于眉道人問曰墖有功
德乎眉道人曰阿育王造墖八萬四千今十有九墖
在震旦國中明州其一也治故墖者生白身天其身
鮮白入珊瑚林掃墖者生意燥天其身潔淨猶如明
鏡去墖中草木者生光音天衆寶宮殿光明晃昱不　廿

可計景量以香花供墖者生兜率天諸毛孔有栴檀香
具三明六通八解脫其他病者能起跛者能行啞者
能言瞽者能視鼻不聞者得聞香氣去瘦瘋為祥轉
荒儉為稔修墖功德載在梵筴中未暇具悉特以衆
生心量狹聞見窄不能透入不思議中故疑信叅半
耳若不信者請更問天馬山前後老稱曾見辛亥乙
丣年間虗空現塔否信心一起多寶現前無今顧居
士一人獨完衆沙功德也文筆插郡縣西辛方關係
文運尤大豈曰侫佛而已哉故踴躍而為之疏

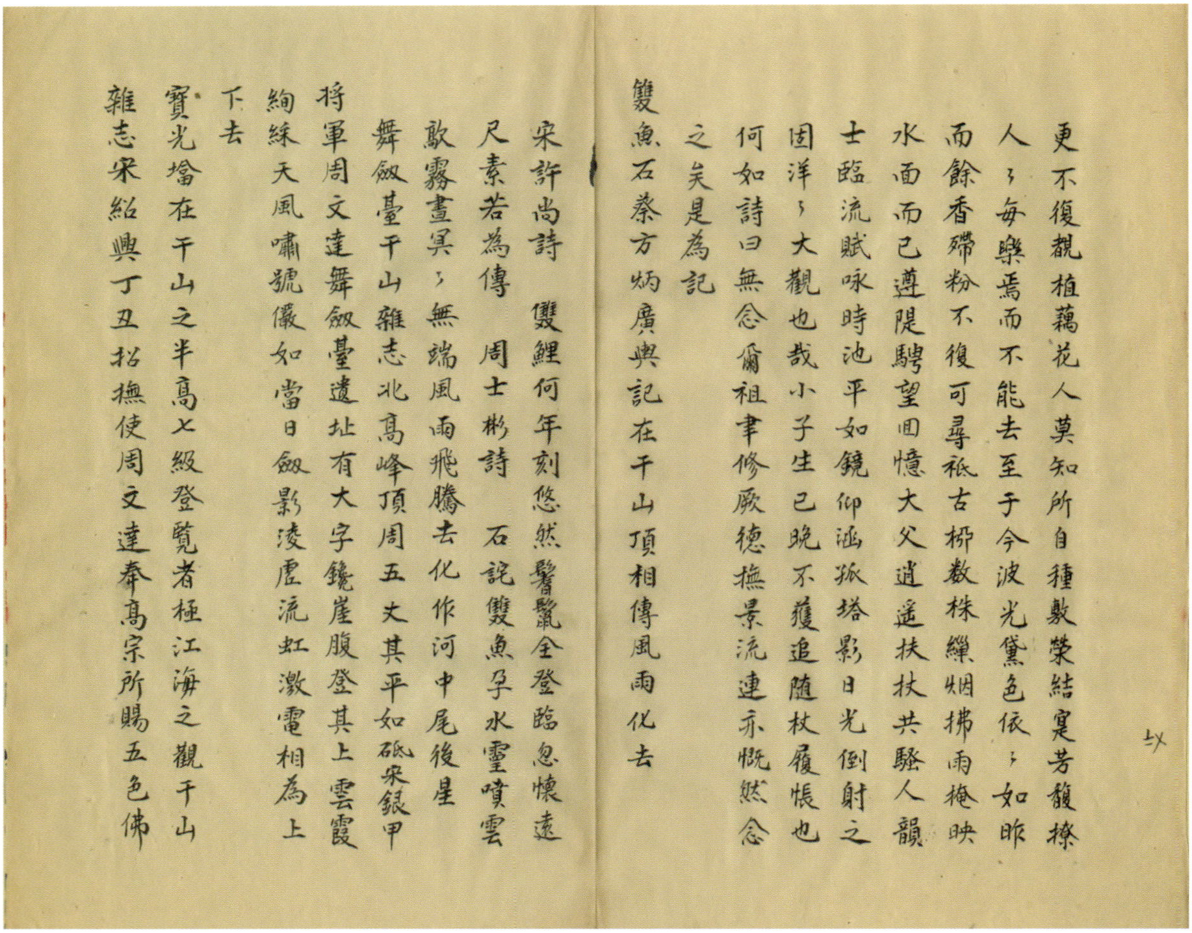

更不復覩植藕花人莫知所自種敷榮結寔芳馥撩人〻每樂焉而不能去至于今波光黛色依〻如昨而餘香殢粉不復可尋祗古柳數株繅烟拂雨掩映水面而已遵隄騁望回憶大父逍遥扶杖共騷人韻士臨流賦咏時池平如鏡仰涵孤塔影日光倒射之固洋〻大觀也哉小子生已晚不獲追隨杖履悵也何如詩曰無念爾祖聿修厥德撫景流連亦慨然念之矣是為記

雙魚石 蔡方炳廣輿記在干山頂相傳風雨化去

宋許尚詩 雙鯉何年刻悠然鬐鬣全登臨忽懷遠尺素若為傳 周士彬詩 石記雙魚孕水靈噴雲歊霧晝冥〻無端風雨飛騰去化作河中尾後星

舞劔臺 干山雜志北高峰頂周五丈其平如砥宋銀甲將軍周文達舞劔臺遺址有大字鐫崖腹登其上雲霞絢綵天風嘯號儼如當日劔影淩虛流虹激電相為上下去

寶光墖 在干山之半高七級登覽者極江海之觀干山雜志宋紹興丁丑招撫使周文達奉高宗所賜五色佛

干山志　清・周厚地 撰

舍利藏于中時現寶光故名崇正庚午辛未重修發第
一層則有金塔上鐫梵語塔婆畧所紀建塔規制謂塔
此翻方墳一翻圓冢一翻髙顯一翻靈廟乃供奉舍利
之所等次不同層級各異佛菩薩塔髙十三層辟支十
一層羅漢五層其上皆有露盤佛塔八層菩薩七層辟
支六層四果羅漢五層輪王一層此卵塔頂無露盤惟
蕉葉火珠後代興作不原佛制每多紊亂因舉而正之
范金成塔像畱其語以垂永久云後列文達官爵姓氏
并建造歲月再發第二層則有玉瓶中貯佛舍利光騰
眩目執瓶瀉于銅盤〻〻為衝碎衆皆驚異落成時塔放
光有白練亘天環如玉虹董元宰陳眉公來畱題詑以
為竒中甃石刻亦文達所記今尚存陳志萬歷庚戌塔
當晴晝光透空中光内忽現一塔〻〻之旁有樹與山上
浮圖景無異辛亥四月乙卯六月復現或三或兩紛〻
羅列見眉公修塔疏今土人呼為塔朝時見于曉烟嵐
霧中大小隱〻可辨周列環聚儼如衆星之拱北極也
乾隆庚戌三月塔無故自焚相輪墮壞桄級全夷于灰
燼中拾得銅佛像畱朝真道院諸善士力不能復每持

周氏藏修遗山舟

宋时堂构韵千年

天马山因其山水相依，环境清幽，自古以来就是文人雅士隐居避世、清修悟道的洞天福地。宋代，天马山已有兴建园林住宅的记录。《干山杂志》载，其时周氏园林“甲第连亘，山之前后，皆其园亭所布”。

宋咸淳年间，周镛、周镐兄弟二人在天马山西麓筑室偕隐，读书友爱，悠然自娱，屡征不出，世论高之。周氏本为天马山一带世族，人称“山周”，大书画家赵孟頫未出仕前与二周交好，以大篆题其藏修斋屋榜额曰“山舟”，取山居安，舟涉险，居安思危之意，且舟、周同音，故名。此后，松江先贤陆居仁、董其昌、董宜阳、王逢等多有题咏。

来鹤轩。园以鹤为名，这在上海地区也是较早一例。

“山舟”之外，元宣抚使周显也曾于天马山中峰岳祠之侧建

来鹤轩。园以鹤为名，这在上海地区也是较早一例。

族于此。甲第建亘山。之前後。皆其園亭所布。元世祖
籍其産。時宣撫年尚幼。避居龍虎山。給事真人府。賴

姊張夫人為方伯命婦。力為昭雪。得歸山。構崇軒為
遊息所。與二陸放鶴亭相反者。實寓言黄冠歸故山
也。顧志。面小山石壁。若屏幛然。右瞰泖河。一白萬頃。
憑軒凝竚。恍然如隔世外云。

明何剛來鶴軒記。　大行崇禎朝。辛未迄辛巳。千山
周瞻梅先生。往復為余家塾師。訪其里居。名賢流寓
及諸勝蹟。先生云。二俊祠。三高墓。其最著者也。外此
山之麓有朝真院。山之脊有東嶽宫。宫〻之傍有來鶴
軒。咸我始祖宣撫使公諱顯建。載在郡志。甚為希有。

干山志卷之七

干山周厚地雨坪

園林

來鶴軒干山雜志在天馬中峰嶽祠之側為周氏園林勝地元宣撫使諱顯築其先沂人建炎時有銀甲

[illegible]

江上。宋神宗時。乘監華亭鹽。從寓居於此。築思堂。蘇軾為記。子孫遂家焉。

孔宅 在青浦縣治北九里。府志。宋淳熙間。居民浚河得碑云。天寶六年。貴池縣令朱氏。葬於崑山縣全吳鄉孔氏宅西南。其地有廟。在慧日院側。孔子木書遺焉。意孔氏子孫。僑寓竄避於兵。遂居此耳。宅後徙於慧日院。今院在孔宅涇北。廟在涇南。其相去頗遠。或此後人改作也。本朝康熙四十四年。聖祖仁皇帝南巡。御賜扁額對聯各一。

顧謙宅 在青浦縣東北崧子里。

水雲深處 在華亭縣東南六十里。明曹士璣居此。見墳有記。

泖湖小隱 在青浦縣澱湖東。元謝士安隱此。任士林有序。

山舟 在安樂干山西麓。宋周鎮及弟鏞所居。元趙孟頫篆額。陸居仁為之記。鏞著述甚富。宋末屢徵不出。其子孫世居是山。本朝乾隆三十七年。其裔孫厚堉以藏書獻。高宗純皇帝御製詩以賜。並賚佩文韻府。因構亭其地。恭奉宸翰及賜書焉。

鶴坡 在南匯縣西北。輿地紀勝。在華亭縣東七十里。其地出鶴。俗謂之鶴窠。舊志。在

諸至孝能感動天地而致瑞應若靈之茹淡而室明丁
蘭刻木而淚出孟仁泣竹而萌茁王祥臥冰而鱗躍舉
戀憲在人耳目其他醴泉甘露珍禽異卉尤不勝更僕
數孝經援神契曰庶人孝則木澤茂浮珍舒恪草秀又
按易震爲蒼筤竹離爲火火文明之象在豐之六二曰
豐其蔀日中見斗言日雖蔽于蔀而不能掩斗之光志
珪雖自甘隱約弁晦其名而彼蒼終不欲使泯沒而無
傳于後故假草木之靈一至于再以彰純孝之行有如
此惜乎重修邑乘語焉而不詳故復爲之記以告後之
作孝史者

山舟記

山舟在雲間天馬山周氏園本元陸居仁宅之故迹介
機山橫雲之間林壑幽陗極擅勝槩山舟乃天然具體
無假刳剡其長可三尋而贏廣狹稱之中窅然以深容
數人坐高者几下者榻蓬櫳檣竂靡弗具也石色或蒼
或白或如丹雘其遙望也穌然脩整出沒雲際昪之蕩
乎越人之操乎近卽之則尾引回峰首臨巨磵峰鑄飛
瀑千赤從青林翠壁間屈曲縈紆建瓴而下直貫舟腹
潺湲晝夜無絕聲每山雨沓至羣壑響會猿鳥悲鳴與
百谷相應答斯時無異乘春濤而赴三峽震心蕩魄恒
惴惴有覆溺之懼遠夫積靄既消碧宇褰霽樵風未興
輕浪不作惟見晴煙一縷冉冉自柁樓出則又疑曉飾
越中行矣宅之當元世隱居不仕自號雲松野褐諸名
宿多與之遊而楊廉夫錢思復二公交尤莫逆故其卒
也三人同葬世稱三高士墓宅之沒迄今餘四百歲園
爲周氏業人亦罕物色之予友荆溪任安上嗜古探奇
遊五茸必訪園中登山舟而四眺低徊歎咏不能去一
日于園側廢圃中覩石刻有山舟二字迹類飛白甚奇
古洗視署款則趙孟頫也不禁狂喜手搨數本歸俾予
遺錢塘梁元穎太史以太史嘗以山舟自號也安上又

云今周氏尚以山舟名其堂有董思翁所書額三高士
墓距山舟僅二里天馬山卽干山以干將鑄劒得名俗
又謂之燒香山云

蛟橋折柳圖記

昔人分攜之頃類有所述如出宿飲餞識其地韓侯顯
父書其人竝著于三百篇而春秋鄭六卿之送韓宣子
亦皆誦詩以見志下逮蘇李之河梁唐人之霸橋尤古
今所稱道若既著之歌詩復寫諸丹青使人每一披對
恍親接其聲音笑貌而黯然銷魂之情態遂躍出于縑
素之表豈非尤善于敘別者與予以癸亥初春赴錫山

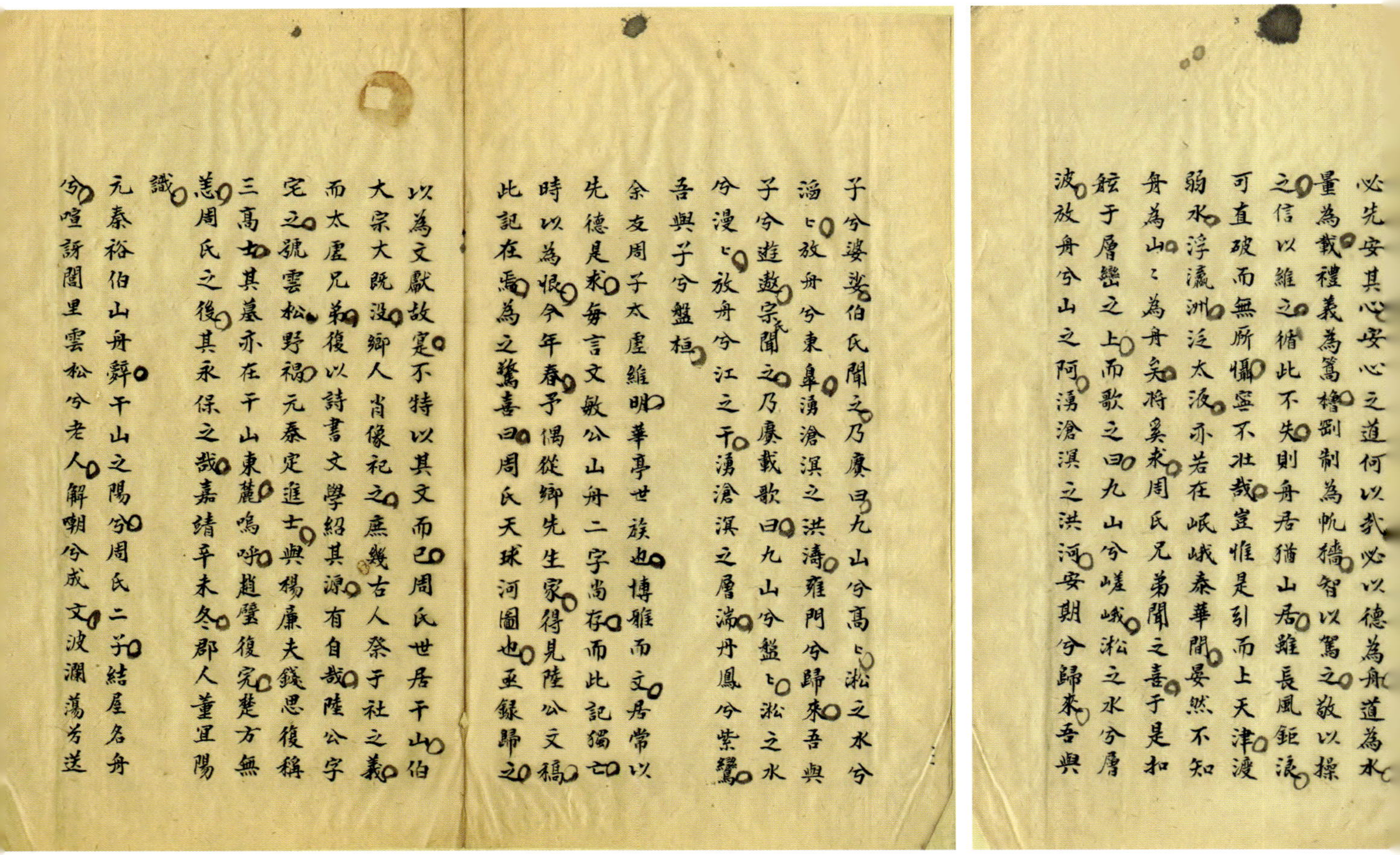

必先安其心安心之道何以哉必以德為舟道為水量為載禮義為篙櫓剛制為帆檣智以駕之敬以操之信以維之循此不失則舟居猶山居雖長風鉅浪可直破而無所懾窒不壯哉豈惟是引而上天津渡弱水浮瀛洲泛太液亦若在岷峨泰華閒晏然不知舟為山之為舟矣將奚求周氏兄弟聞之喜于是扣舷于層巒之上而歌之曰九山兮嵯峨淞之水兮層波放舟兮山之阿湧滄溟之洪河安期兮歸來吾與子兮婆娑伯氏聞之乃賡曰九山兮高高淞之水兮滔滔放舟兮東皋湧滄溟之洪濤羅門兮歸來吾與子兮遊遨宗長聞之乃賡載歌曰九山兮盤盤淞之水兮漫漫放舟兮江之干湧滄溟之層瀾丹鳳兮紫鸞吾與子兮盤桓

余友周子太虛維明華亭世族也博雅而文居常以先德是求每言文敏公山舟二字尚存而此記獨亡時以為恨今年春予偶從鄉先生家得見陸公文稿此記在焉為之驚喜曰周氏天球河圖也亟錄歸之以為文獻故寔不特以其文而已周氏世居干山伯大宗大既沒鄉人肖像祀之庶幾古人祭于社之義而太虛兄弟復以詩書文學紹其源有自哉陸公字宅之號雲松野褐元泰定進士與楊廉夫錢思復稱三高士其墓亦在干山東麓嗚呼趙璧復完楚方無恙周氏之後其永保之哉嘉靖辛未冬郡人董宜陽識

元泰裕伯山舟辭干山之陽兮周氏二子結屋名舟兮喧訴閭里雲松兮老人解嘲兮成文波瀾蕩兮送

干山志　清・周厚地 撰

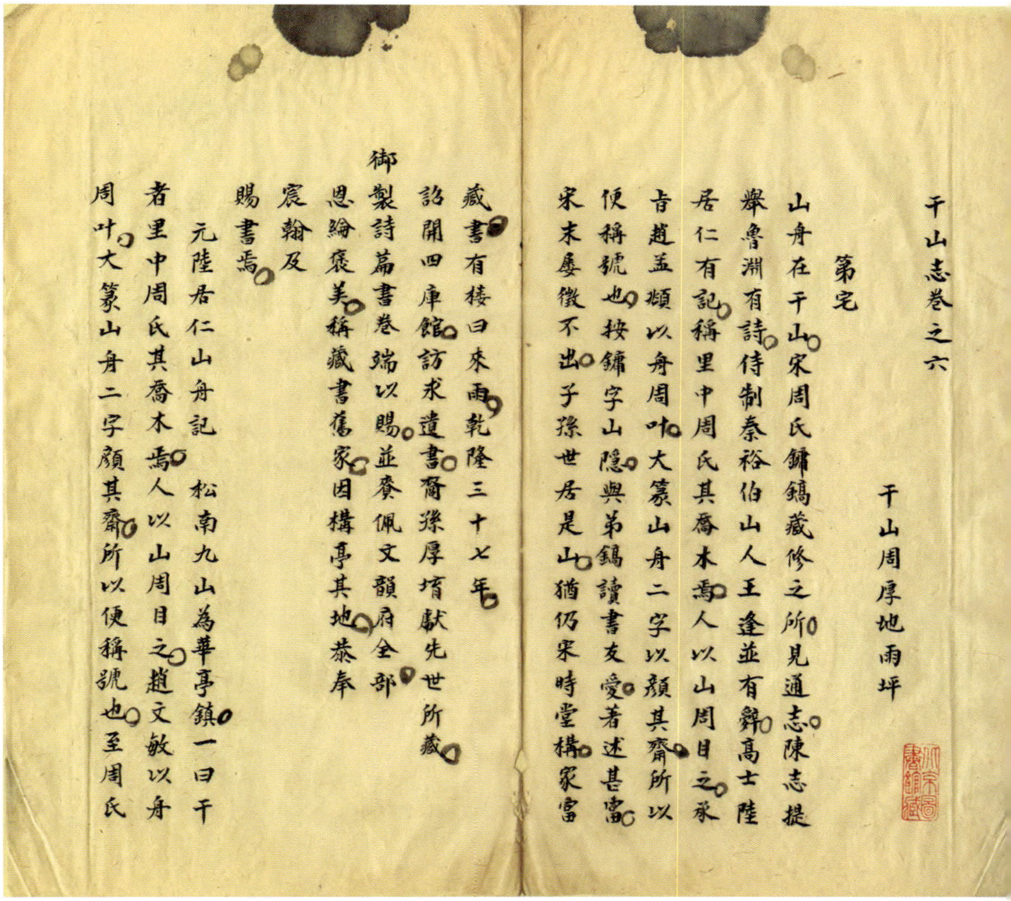

千山志卷之六

千山周厚地雨坪

第宅

山舟在千山宋周氏鏞鎬藏修之所見通志陳志提舉魯淵有詩侍制秦裕伯山人王逢並有錄高士陸居仁有記稱里中周氏其喬木焉人以山周目之承旨趙孟頫以舟周叶大篆山舟二字以顏其齋所以便稱號也按鏞字山隱與弟鎬讀書友愛著述甚富宋末屢徵不出子孫世居是山猶仍宋時堂構家富藏書有樓曰來雨乾隆三十七年

詔開四庫館訪求遺書裔孫厚堉獻先世所藏

御製詩篇書卷端以賜並賚佩文韻府全部

恩綸褒美稱藏書舊家因構亭其地恭奉

宸翰及

賜書焉

元陸居仁山舟記

松南九山為華亭鎮一曰干者里中周氏其喬木焉人以山周目之趙文敏以舟周叶大篆山舟二字顏其齋所以便稱號也至周氏

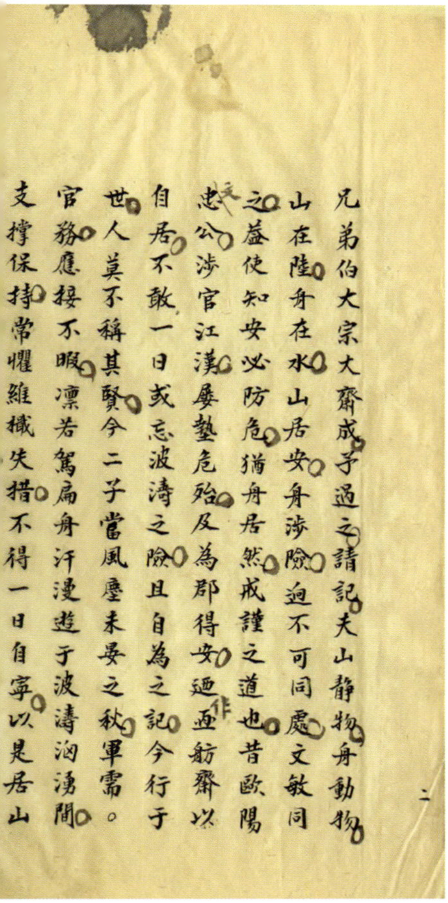

兄弟伯大宗大齋成子過之請記夫山靜物舟動物山在陸舟在水山居安舟涉險迥不可同處文敏同之蓋使知安必防危猶舟居然戒謹之道也昔歐陽忠公涉官江漢屢墊危殆及為郡得安適亟舫齋以自居不敢一日或忘波濤之險且自為之記今行于世人莫不稱其賢今二子當風塵未晏之秋軍需。官務應接不暇凜若駕扁舟汗漫遊于波濤洶湧間支撐保持常懼維檝失措不得一日自寧以是居山

上清泉

周 镛（生卒年不详）

字山隐。著述甚富。宋末见国事不可为，隐居天马山，屡征不出。咸淳年间（1265—1274）在天马山中峰凿“上清泉”，旁镌“咸淳癸酉山隐题”。居处曰“山舟”，为时人称颂。

周 镐（生卒年不详）

周镛之弟。隐居于天马山。居处曰“山舟”。

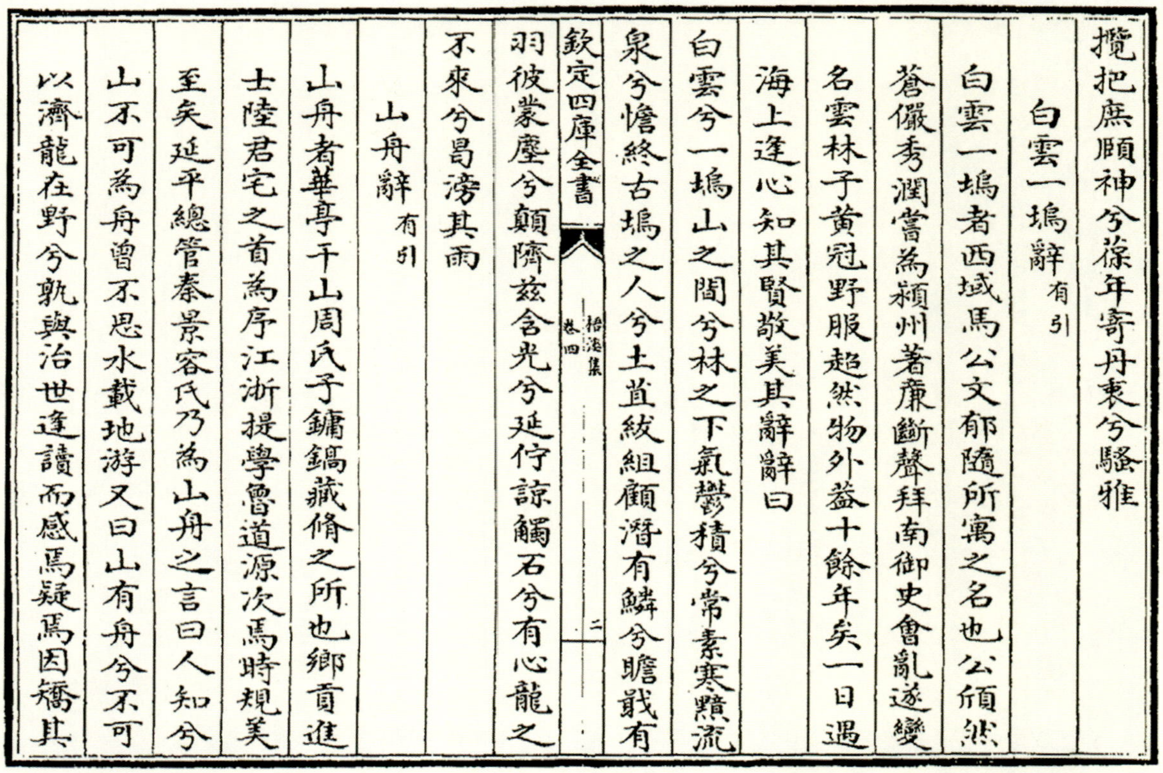
攬把庶顧神兮篠年寄丹衷兮騷雅

白雲一塢辭 有引

白雲一塢者西域馬公文郁隨所寓之名也公頎然

蒼儼秀潤嘗爲潁州著廉斷聲拜南御史會亂遂變

名雲林子黃冠野服超然物外葢十餘年矣一日遇

海上逢心知其賢敬美其辭辭曰

白雲兮一塢山之間兮林之下氣鬱積兮常素寒黷流

泉兮憺終古塢之人兮土苴紱組顧潛有鱗兮瞻戢有

欽定四庫全書　梧溪集 卷四　二

羽彼蒙塵兮顛隮玆含光兮延佇諒觸石兮有心龍之

不來兮曷滂其雨

山舟辭 有引

山舟者華亭干山周氏子鏞鎬藏脩之所也鄉貢進

士陸君宅之首爲序江浙提學曾道源次焉時規美

至矣延平總管秦景容氏乃爲山舟之言曰人知兮

山不可爲舟曾不思水載地游又曰山有舟兮不可

以濟龍在野兮孰與治世逢讀而感焉疑焉因矯其

王逢《山舟辭有引》　梧溪集　元 • 王逢 撰

意更補一章詞曰

天有船兮在河潢檣析木兮柁扶桑秉剛風兮死氣象大地兮川梁君之舟兮虛器川弗涉兮山是憖林空人兮積水白龍森寒兮來下戲自非聖哲兮莫濟亂危維德載義兮姑徯其時高宗傳説兮遠而精誠感格兮夢或見之玉芝兮石髮瀾騈生兮明月君採以遺兮慰我心渴將送君析木之津兮扶桑之側

漪南草堂辭 有引

欽定四庫全書 梧溪集 卷四 三

漪南草堂者予友葉生杞釣游之所也 闕 京口官族有別業淞之呉 闕 大父鉄 闕 隱居好義杞讀書負材謂前太史楊瑀守建德辟掾 闕 興會進士及第李國鳳經略南土杞密陳時事十 闕 李嘉 闕 所言遂授 闕 義副尉鎮江路丹徒縣主簿將別任之而兩移藩鎮矣杞築草堂魚鱗江上扁曰漪南秘書卿 闕 泰為序江西提學楊維楨江浙副提學魯淵為詩予擬楚音二章辭曰

王 逢（1319—1388）

字原吉，号最闲园丁、最贤园丁，又称梧溪子、席帽山人。原籍江苏江阴。才气豪爽，敏而好学。元末，为避战乱，徙居松江府青龙镇，筑寓舍“梧溪精舍”，自号“梧溪子”。写诗多用典事，诗格沉郁，气息悲凉。所作《黄道婆祠》诗乃今存最早歌咏松江府黄道婆的诗作。著有《梧溪集》《诗经讲说》《杜诗本义》等。

非若等利不塞寇由此入焚室廬掠婦女寶貨若等獨
得安乎門塞泉果無虞湖兵戍泉者以糧絶致變郡吏
多被賊辱望見君曰潘奏差在僊游嘗善遇我不汝害
也城福州吏私官錢輒取人墓石莫敢孰何君行視城
見石刻某氏者問吏具服盡以石歸之民益感悦君行
事寛厚大率類此福寧州餘寇未平復至同安募義兵
航海會捕有報安溪賊已咋縣境君益治兵弗為動後
五日賊突入縣廨君坐不起手刃罵賊不絶口遂遇害

至正甲午六月三日也年三十三後若干月以其遺歸
祔于千山望雲臺先墓之側娶瞿氏先十年卒再娶王
氏子一人即立本瞿出也端謹善學克世其家余聞爵
不稱德者其後必大若其不在茲乎銘曰
死也為君生也為親死安於生寧殺其身嗚呼小臣而
克成仁墓祠適新昭茲刻文

義士周光遠墓誌銘

周君諱顯字光遠世居華亭之千山曾祖樺祖翀父文

士之學遊龍虎山禮天師因紿事其府久之慨然曰吾
以孤身遠去父母將誰養乎遂謝歸踰年而丁父憂哀
毀骨立葬祭有禮三年不與燕樂鄉里咸稱周氏有子
矣君既終喪益自樹立養母孫氏尤謹君所居里歲輸
官租四萬石其民困於重斂前多負逋慢期君具為約
遂無敢後者縣令柴君詣府白事張侯顧問曰汝何以
使民皆信從耶令曰此縣民周光遠教我也會大水侯

懇吏雜署災狀無所徵驗容語君具報盡得虛實部使
者復驗信侯益賢之其秋民大饑君盡出積粟賑其鄉
人活數千人法當補官竟辭不就兩浙鹽運司更定各
場鹽户運使張士瞻至府聞君名名至幕下與計事差
次下上無不合意延祐初詔遣平章章閭經理江浙田
土令行急趣使者悉名諸有田家詣庭下盛氣臨之人
人皆駭懼失色莫敢仰視君徐進曰明公不欺孰敢欺
公願少假辭色使得自盡則民信田無不實矣使者雖

贡师泰《义士周光远墓志铭》　玩斋集　元・贡师泰 撰

仲皆不仕君少負奇氣美風度涉獵經史間喜神仙道
士之學遊龍虎山禮天師因給事其府久之慨然曰吾
以孤身遠去父母將誰養乎遂謝歸踰年而丁父憂哀
毀骨立葬祭有禮三年不與燕樂鄉里咸稱周氏有子
矣君既終喪益自樹立養母孫氏尤謹君所居里歲輸
官租四萬石其民困於重斂前多負逋慢期君具為約
遂無敢後者縣令柴君請府白事張侯顧問曰汝何以
使民皆信從耶令曰此縣民周光遠教我也會大水侯

欽定四庫全書　玩齋集 卷十　十二

懇吏雜署災狀無所徵驗咨語君具報盡得虛實部使
者復驗信侯益賢之其秋民大饑君盡出積粟賑其鄉
人活數千人法當補官竟辭不就兩浙鹽運司更定各
場鹽戶運使張士贍至府聞君名召至幕下與計事差
次下上無不合意延祐初詔遣平章章閭經理江浙田
土令行急趣使者悉名諸有田家詣庭下盛氣臨之人
人皆駭懼失色莫敢仰視君徐進曰明公不欺孰敢欺

過吏相勸曰周君聞之得無不我直乎於是義聲日起
而上下翕然稱譽不絕口矣君嘗以捕蝗跣涉得軟脚
病往往而劇泰定二年十二月廿一日竟以是疾卒享
年四十八明年某月日葬于所居山之北麓娶同郡張
氏有淑德子二人璉璵皆績學踵行克世其家孫三人
同生德生道生至正甲午余以使過吳會時君卒已廿
九年而璉死亦四年矣璵走謁泣拜以郡人王澤狀請
銘迺畧其文而銘之曰

欽定四庫全書　玩齋集 卷十　十三

聞義而勇不謀於人好仁而公不私其身江流既清原
田既均惸惸匹夫與有令聞孰食其報在子與孫

元故朱君拱之墓誌銘

君諱柯字拱之朱文公四世孫也曾大父某始自建寧
徙居華亭君幼穎悟姆抱侍父側聞人語即解意與羣
兒嬉戲嘗莊坐如成人既冠益勇於學日取論語孟子
大學中庸詩禮記各誦數百過遇有疑輒從先生長者
質問辯析必得其義乃已夜則徧閱諸史百家之書至

周 显（1264—1312）

字光远。发脉汝南，世居干山，南宋银甲将军周文达同族别支后裔。少时，家族鼎盛，负奇气，美风度，涉猎经史，间喜神仙家言。伯颜渡江后，罹抄籍之难，遂游龙虎山，执事天师府。后因其姐张夫人上书诵冤，得奉旨归宗。甚贤孝，丁父忧，哀毁骨立，三年不与燕乐，奉母孙氏尤谨。有功于疏浚吴淞江河道，累官至奉使宣抚。卒年48岁。尚书贡师泰在墓志铭中评价他：“闻义而勇，不谋于人；好仁而公，不私其身。”周显回故乡后，为偿夙志，于大德甲辰年（1304）在天马山中峰宝光塔下建岳祠、朝真道院，并于岳祠之侧建来鹤轩，寓“黄冠归故山”之意，轩旁手植银杏，即今宝光塔旁古银杏。周显逝后，墓在天马山山后。《坐游录》载，周显墓冢采用元代流行的墓葬制度，以花砖封砌，外形做成网塔的样子。其子彦英，附葬于此。今无存。天马山乡人后裔感周显高行，将其肖像于岳祠西庑，并于每年其诞辰之日——上元节——祭奠祈年于岳神之前，谓之“占国”，陈继儒言之“自元以来未尝中辍，诚巨典也”。

山中樹木本甚茂自遭乙亥丙子奇荒後斬削一空其尚存者惟東山之槵樹讀書臺之雙松先宣撫祠前手植之銀杏耳俱数百物載垂志乘

四十八

董均天馬山種樹詩　九峰多聳蔚茲山自童秃其形則龍媒其飾則草木草木絶萌枿毛焦骨骼矗安得我家杏瀰漫布巖谷便如韉錦韉登頡歷豐縟今逢好事者醵錢就近局言買桃李梅種比山之曲離立儼成行厓巘迤平陸所憂氣力微無由禁樵牧保護若十年敷榮當郁郁方春二三月分明張亞幅我年雖半百倘及花成熟早辦兩芒鞋預置一筇竹

竹之屬

果實之屬

山中所産不饒不録惟菱為水鄉所宜廣志云淮漢以南凶年以菱為蔬種之亦資禦荒之用故志之

藥之屬

山中産藥數品惟精岐黄者能識之有土人葠一種即

青山长眠三高士
景行遗风美名传

“贞魂毅魄两相知，白杨萧萧悲风动。”在天马山东麓，有一条弯弯曲曲的狭窄小路，它林荫夹道，远离尘嚣，静谧清幽，普通、平凡得让人很难把它与著名文人的行迹相连。但在600多年前，这条路的尽头成了诸暨杨维桢、钱塘钱惟善和华亭陆居仁三位隐居松江的文人高士的长眠之地。从此，它变得不再普通、不再平凡，成了辉映文脉、增重山川、凭吊先贤的必经通道。

《干山志》载，万历中，华亭知县陈秉浩于天马山东麓封土修墓，移碑于其上。三座墓中，“近南为杨墓，其左二丈为陆墓，又稍左近北一丈为钱墓”。清代，三高士墓虽几经修葺，但碑墓俱毁。20世纪80年代末，天马山林场在山顶用青砖垒起三座墓冢，即现在的“三高士墓”。

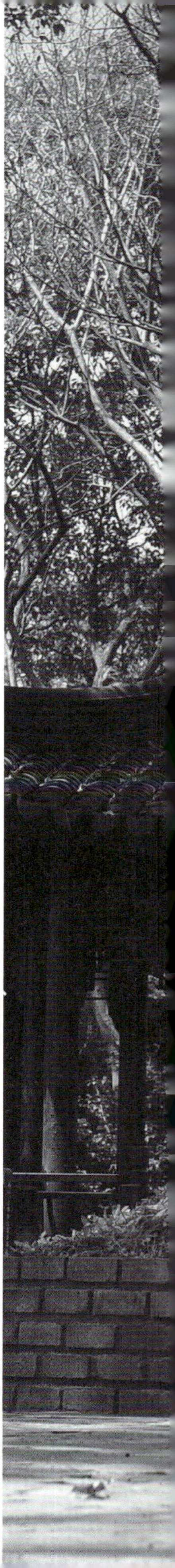

三高士墓

松江府學訓導王文澤墓在橫雲山奉議大夫前行臺侍御史延平路總管兼管內勸農事泰裕伯銘曰吁嗟王氏世篤吾仁紹樹儒術繼志彌敦爲善弗報天道無聞天匪無聞享有後人

上海縣尹劉輝母孔夫人墓在干山

錢虞錢大有墓在佘山慧日院大有全叟父也

孝子徐誠墓在長人鄉貝瓊爲誌

三高士墓在干山東麓三高者楊維禎陸居仁錢惟善也

江西等處儒學提舉楊君墓誌銘元之中世有文章鉅公起于浙河之間曰鐵崖君聲名殷殷摩戛霄漢吳越諸生多歸之殆猶由之宗岱河之走海如是者四十餘年乃絃瀨終召門弟子曰知我文最深者惟金華宋景濂氏我即死非景濂不足銘我爾其識之卒後三月吏部主事張學暨米芾等一人奉川師之治命來請濂既

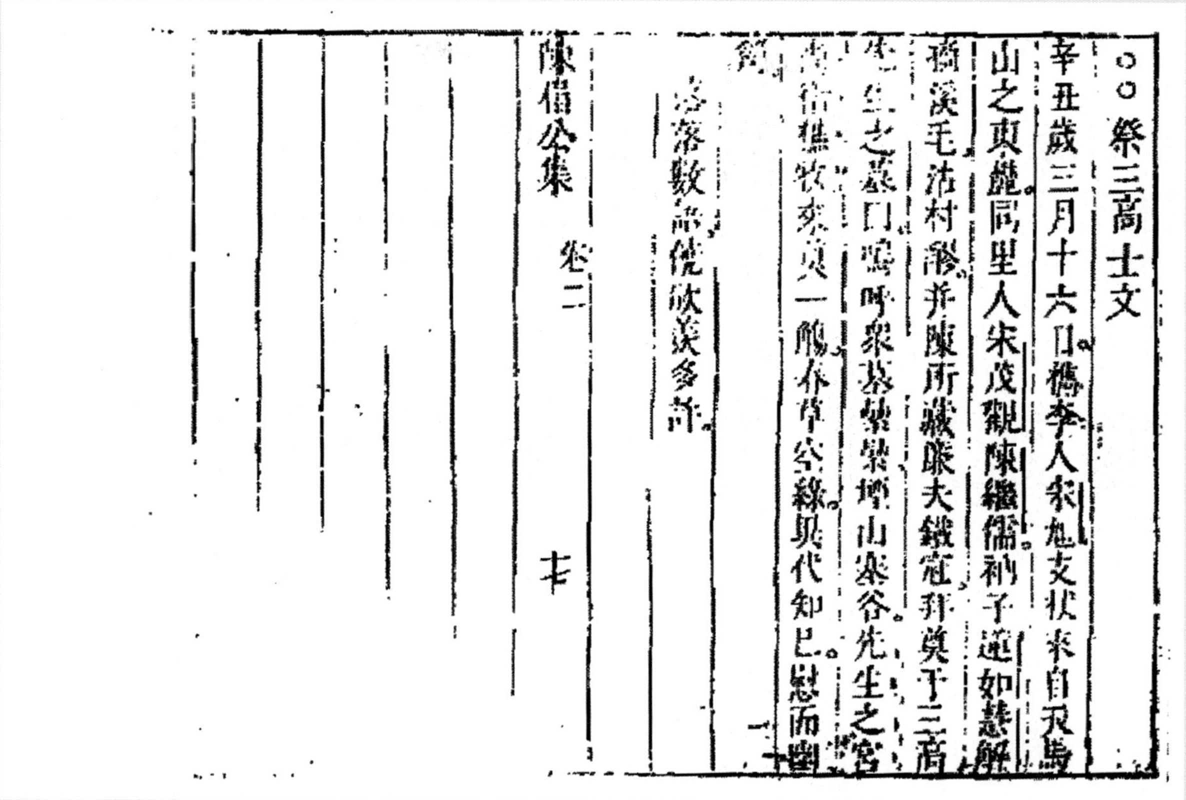

〇〇祭三高士文

辛丑歲三月十六日。檇李人汆旭支狀来自天馬山之東麓。同里人宋茂觀陳繼儒衲子蓮如慧解琦溪毛浩村滲。并陳所藏[illegible]大鐵冠。拜奠于三高先生之墓門。嗚呼衆墓纍纍。增山寒谷。先生之宮杳宿樵牧。采真一觴。作尊谷綠。貺代知巳。慰而幽餚。

以落數語僥欣羨多許。

陳眉公集　卷二　十

陈继儒《祭三高士文》　十六名家小品　明 • 何伟然 选

歌調已非悲來吹鐵笛莫笑和人稀梅村不能爲鐵崖故所感獨深後半首連自己在内非泛作憑
弔語也○〔漢書禮樂志〕今安匹龍爲友〔注〕謂天馬也〔釋元
覽詩〕長空任鳥飛〔白詩〕黄紙除書落枕前〔明史楊維楨
傳〕洪武二年太祖召諸儒纂禮樂書以維楨前朝老文學遣翰林
詹同奉幣詣門維楨謝曰豈有老婦將就木而再理嫁者耶明年復
遣有司敦促賜安車詣闕庭百有一十日卽乞骸骨帝成其志仍給
安車還山宋濂贈之詩曰不受君王五色詔白衣宣至白衣還〔古
詩〕志士多苦心〔徐偉長中論〕或披髮而狂歌〔維楨傳〕酒
酣以往筆墨橫飛或戴華陽巾披羽衣坐船屋上吹鐵笛作梅花弄
或呼侍兒歌白雪之詞自倚鳳琵和之賓客皆蹁躚
起舞以爲神仙中人〔岑參詩〕由來此曲和人稀
葉子古弔鐵崖墓詩先生不可見遺塚自斜暉無復攜紅袖還
聞葬白衣才銷明士忌老幸故人依鐵笛吹雲起猶疑踏月歸

陳徵君西佘山祠見九峯草堂歌序〔陳仲醇山石樓幽事〕丁酉始得築婉孌草堂于二陸遺址故有長者爲
營栽竹地中年方
愜住山心之句

通隱居城市風流白石仙地高卿相上身遠亂離前客記茶龕夜僧
追筆冢年故人重下拜酹酒向江天此詩佳處在第四句非他手可及也餘亦工穩○〔梁書何點
傳〕時人號爲通隱〔南史沈麟士傳〕時爲之語曰差山中有賢士
開門教授居成市〔梅村九峯草堂歌自注〕眉公自號白石道人
〔梅村修太白山人墓記〕後百餘年雲間白石山人者復出當海
內無事積薪厝火中外宴安山人得于其間交王公營聲譽自比于
陶宏景戴安道爲通隱未幾椓人再竊柄黨禍兵禍紛糾于不可解
〔字典〕龕浮圖塔一曰塔下室　筆冢見蒼公塔〔左傳〕僖九
年敢不下拜〔後漢書張奐傳〕召主
簿於諸羌前以酒酹地江天見巫峽

橫雲見九峯草堂歌序

堪笑粘泥之絮翻憐逐水之萍品其高韻人更澹於黄花感此微詞意每傷於綠葉後倩扶有寄宏軒主人詩其落句云不道離愁深似許輕教分手盼重過予和詩云但遇龍山高會後尚疑青雀夜來過正暗刺前事也〔張如哉曰〕呼女爲郎本木蘭詩不知木蘭是女郎

遠翠入嚬眉輕寒袖半垂花生神女廟月落影娥池深竹微風度晴沙細履移回看下山路紅燭爲誰遲

起處極贊倩扶三四細林夜集送别仍不脱細林夜集四字也○〔温飛卿詩〕遠翠愁山入臥屏〔晉書戴逵傳〕含實逐聲之行是猶美西施而學其顰眉〔劉孝綽詩〕輕寒朝夕殊〔馬伯庸詩〕金屈巵邊醉袖垂〔賀方回詞〕半垂羅幕護窗紗　神女廟見過圻村〔西京雜記〕漢武於望鶴臺西起俯月臺臺下穿影娥池每登臺眺月影入池中因名影娥池〔王詩〕洞房映深竹微風見看梅感興〔白詩〕護江堤白蹋晴沙〔秦少游詞〕金谷俊遊銅駝巷陌新晴細履平沙〔孟詩〕迴瞻下山路〔柳子厚詩〕席上澆紅燭〔李義山詩〕清管爲誰調

按常熟縣有影娥川即琴川發源處則神女廟影娥池九峯應別有之非指圻村之廟漢武之池也

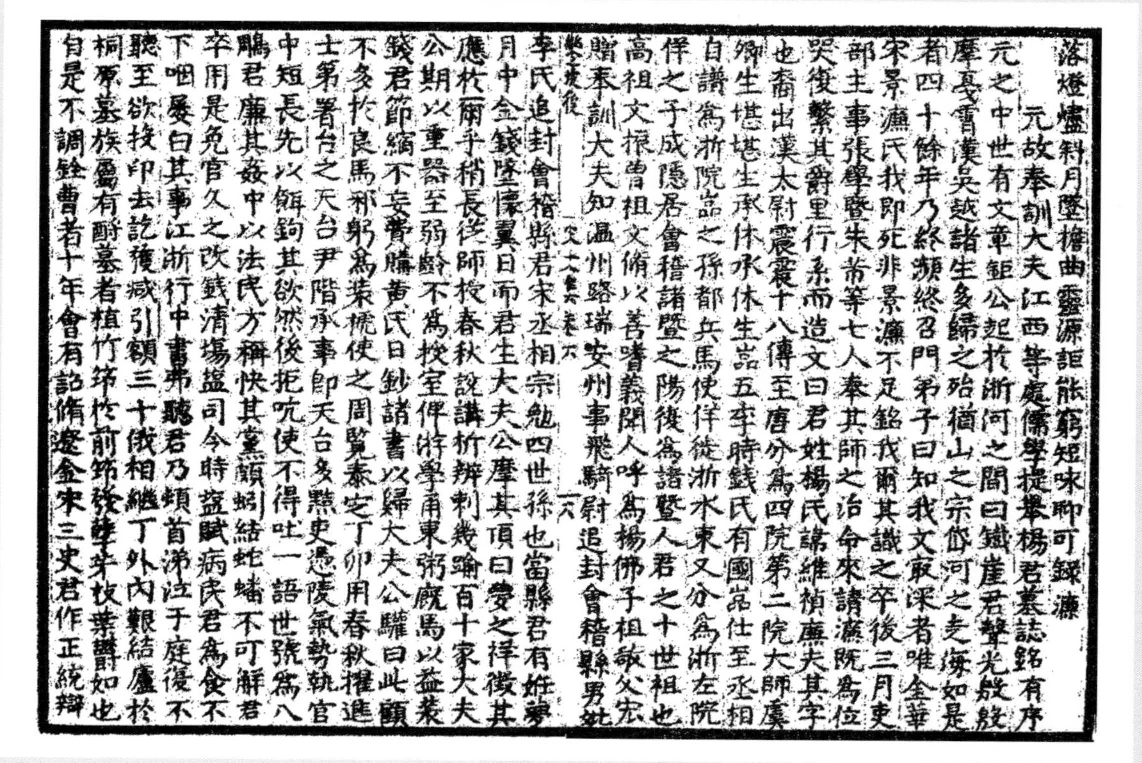

落燈燼斜月墜檐曲靈源詎能窮短咏聊可錄濂
元故奉訓大夫江西等處儒學提舉楊君墓誌銘有序
元之中世有文章鉅公起於浙河之間曰鐵崖君聲光殷殷
摩戛霄漢吴越諸生多歸之殆猶山之宗岱河之走海如是
者四十餘年乃終瀕終召門弟子曰知我文最深者唯金華
宋景濂氏我即死非景濂不足銘我爾其識之卒後三月吏
部主事張學暨朱芾等七人奉其師之治命來請濂既為位
哭復繫其爵里行系而造文曰君姓楊氏諱維禎廉夫其字
也裔出漢太尉震震十八傳至唐分為四院第二院大師虞
卿生堪堪生承休承休生岊五季時錢氏有國岊仕至丞相
自謂為浙院岊之孫都兵馬使佯徙浙水東又分為浙左院
佯之子成隱居會稽諸暨之陽後為諸暨人君之十世祖也
高祖文振曾祖文脩以善嗜義聞人呼為楊佛子祖敬父宏
贈奉訓大夫知溫州路瑞安州事飛騎尉追封會稽縣男妣
鑾坡後　宋文十六集卷六　一六
李氏追封會稽縣君宋丞相宗勉四世孫也當娠君有娃夢
月中金錢墜懷翼日而君生大夫公摩其頂曰慶之祥徵其
應於爾乎稍長從師授春秋說講析辨剖幾踰百十家大夫
公期以重器至弱齡不為授室俾游學甬東粥廄馬以益裝
錢君節縮不妄費購黃氏日鈔諸書以歸大夫公驩曰此顧
不多於良馬邪躬為裝褫使之周覽泰定丁卯用春秋擢進
士第署台之天台尹階承事郎天台多黠吏憑陵氣勢執官
中短長先以餌鉤其欲然後拒吭使不得吐一語世號為八
鵰君廉其姦中以法民方稱快其黨頗蝌結蛇蟠不可解君
卒用是免官久之改錢清場鹽司令時鹽賦病民君為食不
下咽屢白其事江浙行中書弗聽君乃頓首涕泣于庭復不
聽至欲投印去訖獲減引額三十俄相繼丁外內艱結廬於
桐原墓族屬有酹墓者植竹笄於前笄發萃牙枝葉欝如也
自是不調銓曹者十年會有詔脩遼金宋三史君作正統辯

千言大司徒歐陽文公玄讀之歎曰百年後公論定於此矣
將薦之又有沮之者尋用常類提舉杭之四務四務為江南
劇曹素號難治君曰夜毗梳不暇騎驢謁大府塵土滿衣襟
間有識者多憐之而君自如也轉建德總管府推官歷承務
郎君悉心獄情必使兩造具備鉤摘隱伏務使無冤民居無
何陞奉訓大夫江西等處儒學提舉未上會四海兵亂君遂
浪蹟浙西山水間及入國朝天下大定詔遣逸之士脩纂禮
樂書頒示郡國君被　命至京師僅百日而肺疾作乃
還雲間九山行窩疾且革移桂頰楼中呼左右請曰吾欲觀
化一巡如何乃自起捉筆撰歸全堂記頃刻而就擲筆曰九
華伯淪君招我我當往車馬侯吾且久遂泊然而逝似聞数
十人從函道登楼其步履之聲相接時　大明洪武庚
戌夏五月癸丑也年七十五及門之士上書於郡守林君公
慶以封塋為屬林君欣然從之擇地華亭縣脩竹鄉干山之
鑾坡後　宋文十六集卷六　一七
原以六月癸亥舉柩葬焉君初聘錢氏忽遘惡疾錢父母請
罷昏君卒娶之疾尋愈繼鄭氏陳氏子男一人抗鄭出也孫
男一某女一未行所著書有四書一貫錄五經鈐鍵春秋透
天關禮經約君子議歷代史鉞補正三史綱目富春人物志
麗則遺音古樂府上皇帝書勸忠辭及平鳴漫臺洞庭雲間
析上諸集通數百卷藏于家初君為童子時屬文輒有精魄
諸老生咸謂咄咄逼人暨出仕與時齟齬君遂大肆其力於
文辭非先秦兩漢弗之學久與俱化見諸論撰如覩商敦周
彝雲靁成文而寒芒橫逸奪人目睛其於詩尤號名家震盪
凌厲駸駸將逼盛唐驂閱之神出鬼沒不可察其端倪其亦
文中之雄乎名執政與憲司紀者詣君之文無不投贄願交
而薦紳大夫與岩穴之士踵門求文者座無虛席以致屋鞴
野刻布列東南間然其風神爽冲無一物縈懷過天爽氣清
時躡屐登名山肆情遐眺感古懷今直欲起豪傑與游而不

宋濂《元故奉训大夫江西等处儒学提举杨君墓志铭》　宋学士文集　明・宋濂 撰

可得或戴華陽巾被羽衣泛畫舫於龍潭鳳洲中橫鐵笛吹之笛聲穿雲而上望之者疑其為謫仙人晚年益曠達築玄圃蓬臺於松江之上無日無賓無賓不沉醉當酒酣耳熱呼侍兒出歌白雪之辭君自倚鳳琶和之座客或蹁躚起舞顧盼生姿儼然有晉人高風或頗加誚讓丞罵曰昔張籍見韓退之退之命二姬合彈箏琵以為樂兩謂退之非端人耶蓋君數奇諧寡故特託此以依隱玩世耳豈其本情哉性疏豁與人交無疑二賤而賢禮之如師傅貴而不肖雖王公亦蔑視之平生不藏人善斬進小子或一文之美一詩之工必為批點黏于屋壁揩以歷示客尤不錄人以小過縣奴負君金度無以償逼君書收券君唉與之家藏古名畫為西鄰所竊其傔人追執之君曰吾業與之矣無賴之徒偽為君文以貿交金繒或疑以為問將發其姦君曰此誠予所作也不論遠近皆知君為寬厚長者云嗷者之論恒謂名者天所最忌矧以能文名則又忌之尤者也所以文人多畸孤坎壈以終其身視富與貴猶風馬牛不相及也嗚呼豈其然哉彼貨殖者不越朝歌暮絃之樂爾顯融者不過紆朱拖紫之華爾未百年間聲銷景沉不翅飛鳥遺音之過耳叩其名若字鄉里小兒已不能知之矣至若文人者挫之而氣彌雄斂之而業愈精其嶷立若嵩華其昭回如雲漢衣被四海而無憮流布百世而可徵是殆天之所相以彌綸文運豈曰忌之云乎嗚呼君真是已然君不可謂不幸也使君志遂情安稍起就勳績未必專攻於文縱攻矣未必磨礪之能精籍曰既精矣亦未必歲積月累發越如斯之夥也斯文如元氣司化權者每左右焉翼俾其迺綿而弗絕則其壽育以成君者豈不甚侈也邪一世之短百世之長如君亦足以不朽矣或者乃惜此為君病豈知天哉濂挍分於君者頗久相與論文屢極玄奧闡故君之死反袂拭涕久之念君之不可再得不敢有孤所屬故

為具記其事而又為些辭一章以代勒銘庶幾招君歸來矣乎其辭曰

䰟淵流金降空青些結英揚靈潰于成些獨騎麒麟傷遺經些哀戩是非嚴天刑些孰軋以權勢相傾些睿發厥辭益崇訛些芳潤內洽光精外刑些離方遯圓班部自寧些流蹇下春百里震驚些蠻蠻鳥躅天機呈些鐵甲琱戈百萬宵征些茗翹穎豎娼韶榮些龍絡萬衆稾翁三靈些彈壓物怪晝夜京鳴些九華丈人召還紫清些白鹿灰轂五霞軿些迴風偹脩雲縆縆些天人殊軌誰強攖些絳府雖樂毋淪洞冥些盍乎歸來返故庭些

元故一鄉善士張府君墓碣文

清陽江之上有大姓曰張府君天錫字君與懿然篤厚人也自成童時輒知孝敬日趨大父毋父毋側問衣燠寒而進退之年既長益推錫類之仁九族有弗根者時䘏其匱乏俾懼族遠情睽築堂南山麓為序拜燕飲之所長幼之節粲然不紊其於惇愛廣順之道有所賴焉然不是以為足寒食十月朔汎掃先世諸塋必歷告嗣人曰此為某府君其名行若何支系若何本末如連珠已而泣曰吾髮種種矣苟不言爾等當不知土中為何人慎識之勿使牛羊踐履其上平居正襟危坐終日不安動即動是跡亦有恒度撫世酬物一以誠有犯之者任其轇轕兩耳如無聞尤不喜以疾言厲色加人人愈愛慕之雖傔媵亦從化俯首趨功驩欣如也及歿不問賢不肖皆歎恍悼惜有至淚下者至今語及府君猶舉手加額稱之曰長者長者云府君之裔初自清河遷已歷十有三世曾大父維大父夢龍湖之儒學正父一寧妣方氏府君生於某年月日歿於某年月日壽若干以某年月日塋于縣西通化鄉施禮山原配室朱氏婦道克脩前卒竟合塋焉子三坦泰祐女三石某朱某樓鉄其婿也孫五埏楅驥某某曾孫五

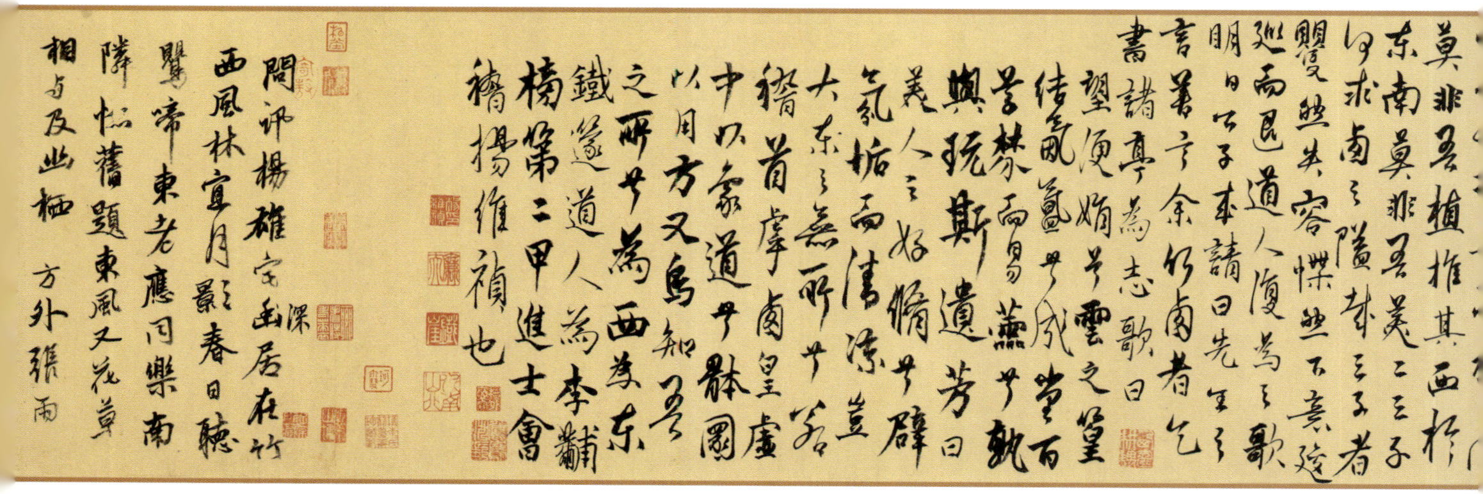

竹西草堂记题卷　元 • 杨维桢

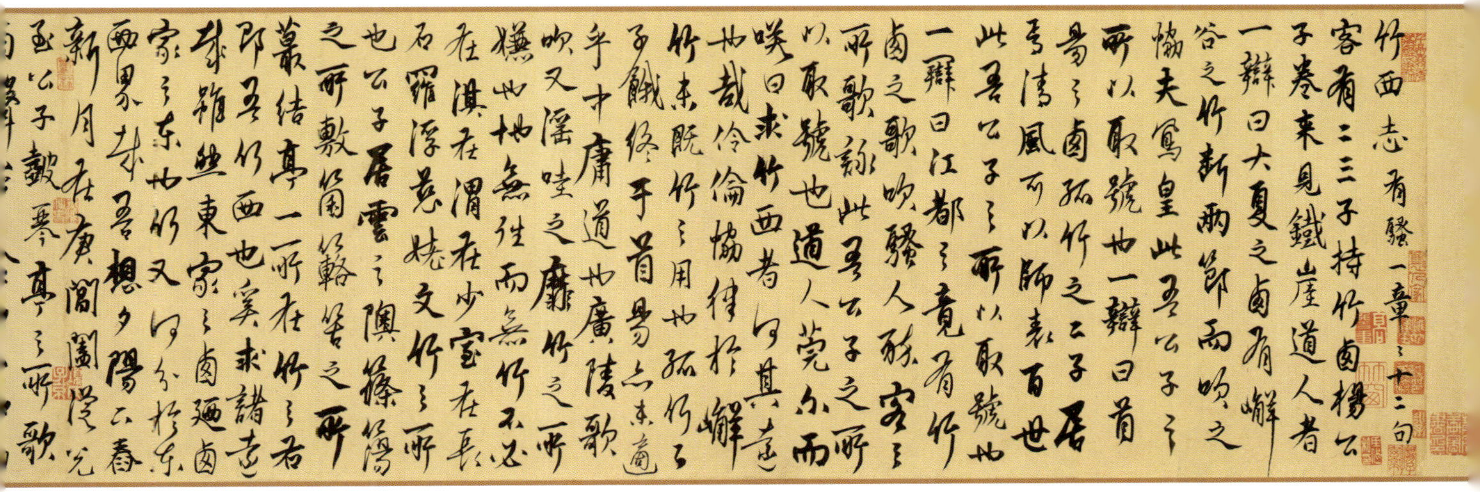

杨维桢（1296—1370）

元著名文学家、书法家。字廉夫，号铁崖、铁雅、东维子等。浙江诸暨人。泰定进士，历官至建德路总管府推官，至正十八年（1358）授江西等处儒学提举。晚年避乱松江，与陆居仁、钱惟善交游唱和，殁后同葬天马山东麓，并称“三高士”。一生致力于诗文辞赋的革新，亦工散曲，又善行草书。尤以倡导古乐府而追随者甚众，形成“铁雅诗派”，诗风纵横奇诡，称“铁崖体”。有《丽则遗音》《铁崖先生古乐府》《东维子文集》等。

杨维桢像　吴郡名贤图传赞　清・顾沅撰，孔继尧绘

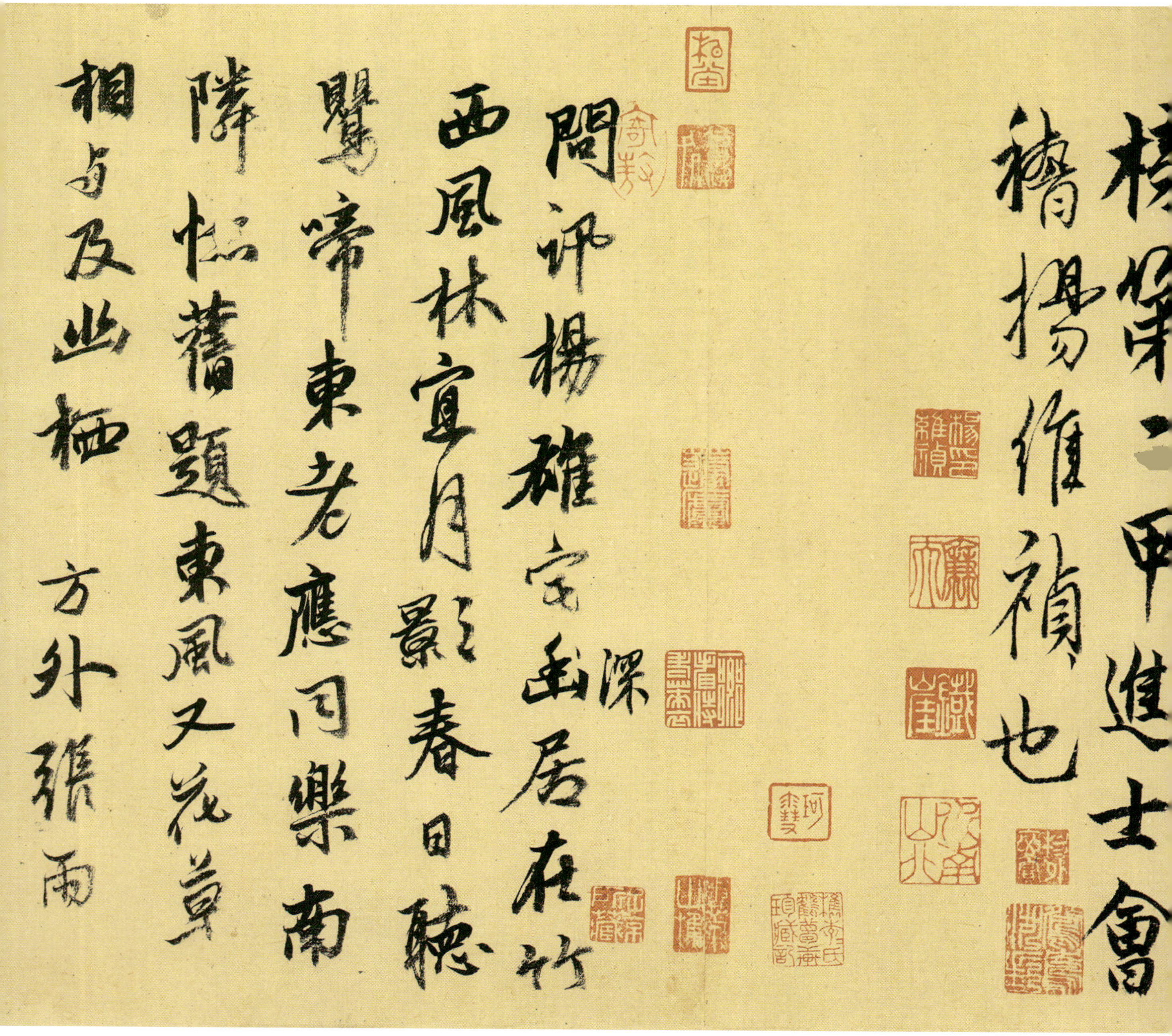

竹西草堂记题卷（局部）　元 • 杨维桢

望便娟兮雲之皇
佳氣氤氳兮成堂百
草林而易蕭兮執
興琬琰遺芳曰
美人之好兮辭
氣垢而清濃豈
大东之義所兮從
猶首摩而皇虛
中以象道兮縣圖
以用方又烏知兮其
之所兮為西來东
我

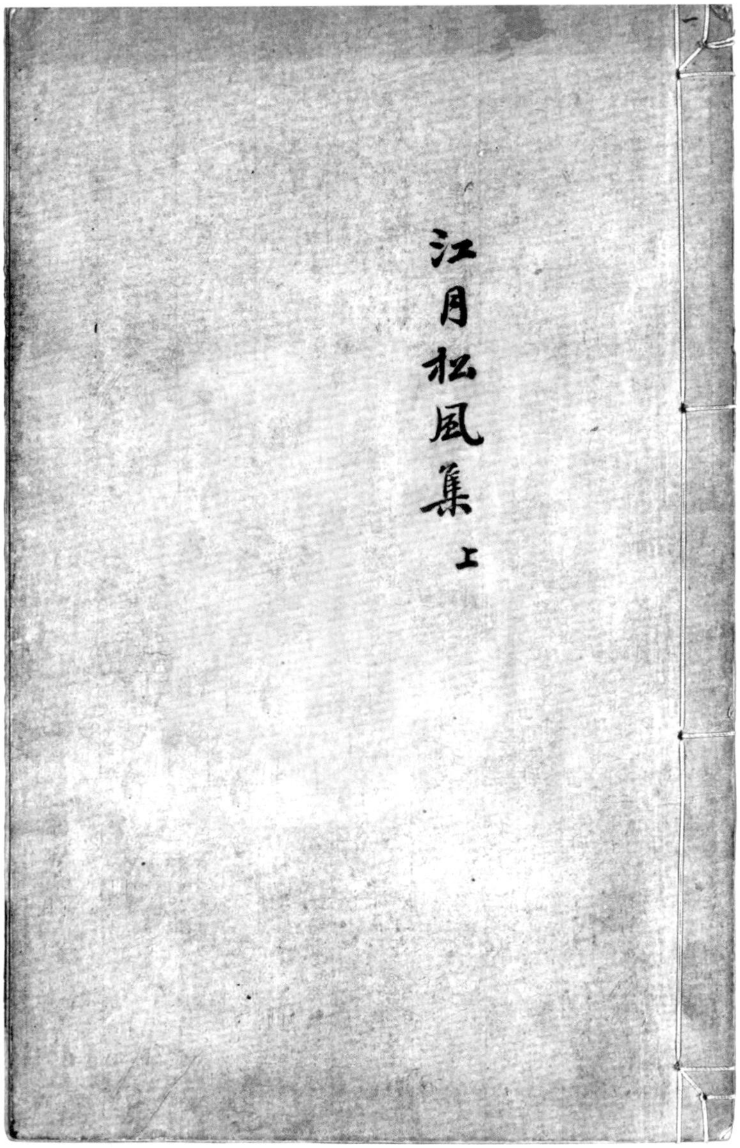

钱惟善（生卒年不详）

元末明初诗人。字思复，自号曲江居士、心白道人、如一道人、武夷山樵者。浙江钱塘人。元至正元年（1341）举人，历任永嘉书院山长、傅贻书院山长、江浙行省儒学副提举。早年有诗名，为“铁崖诗派”重要作家。元末避乱松江，与杨维桢、陆居仁交游唱和，卒后同葬天马山东麓，并称“三高士”。有《江月松风集》传世。

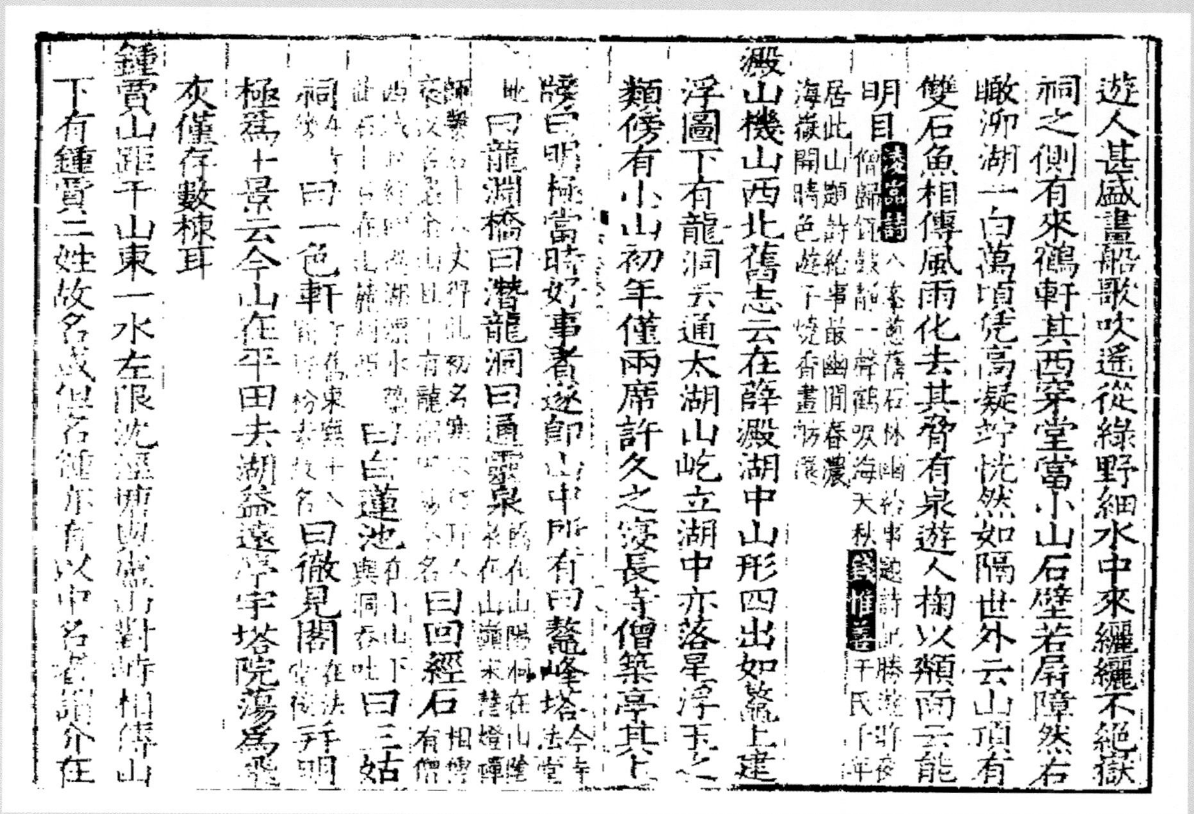

遊人甚盛畫船歌吹遥從綠野細水中來纚纚不絶嶽
祠之側有來鶴軒其西穿堂當小山石壁若屏障然右
瞰泖湖一白萬頃凭高凝竚恍然如隔世外云山頂有
雙石魚相傳風雨化去其脊有泉遊人掬以頮面云能
明目 凌嵓詩 八峯蔥蒨石林幽給事題詩此勝遊昨夜僧歸鐘鼓靜一聲鶴唳海天秋 錢惟善 [illegible] 居此山[illegible]詩給事最幽閒春濃海嶽開晴色遊子燒香畫舫[illegible]
澱山機山西北舊志云在薛澱湖中山形四出如鶩上建
浮圖下有龍洞云通太湖山屹立湖中亦落星浮玉之亞
類傍有小山初年僅兩席許久之漫長寺僧築亭其上
榜曰明極當時好事者遂即山中所有曰鼇峰塔 今寺法堂
此 曰龍淵橋曰潛龍洞曰通靈泉 [illegible] 曰回經石 [illegible] 曰白蓮池 [illegible] 曰三姑
祠 [illegible] 曰一色軒 [illegible] 曰徹見閣 [illegible]
極爲十景云今山在平田去湖益遠浮宇塔院蕩爲丘
灰僅存數椽耳
鍾賈山距干山東一水左限沈涇塘與鳳凰山對峙相傳山
下有鍾賈二姓故名或但名鍾亦有以中名者頂介在

钱惟善《干山诗》 （正德）松江府志 明 • 陈威、顾清等 纂

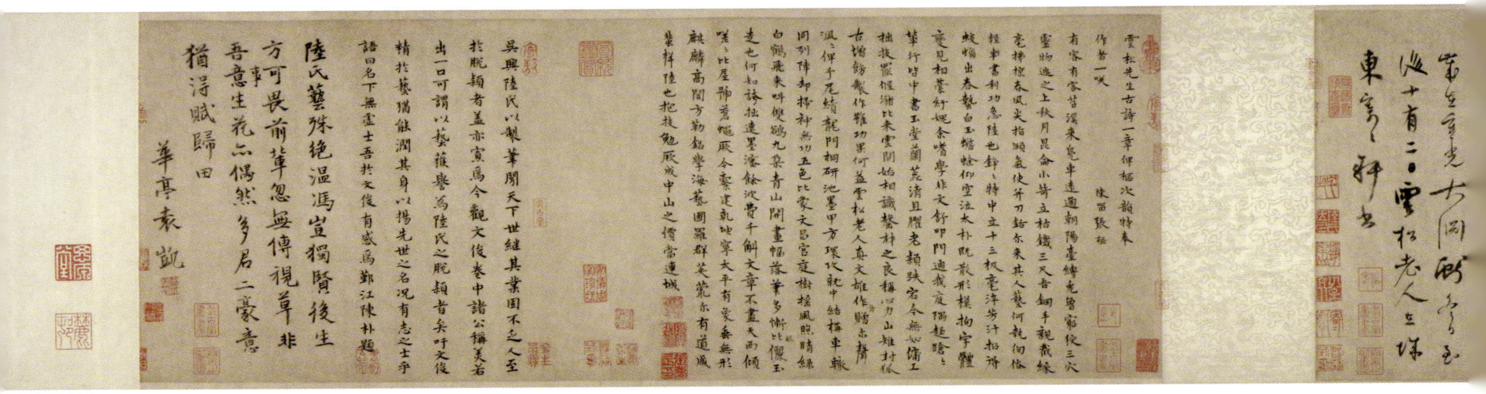

茗之水诗卷　元·陆居仁

陆居仁像　苏文绘

陆居仁（1300—1387）

元末明初诗人、书法家。字宅之，号巢松翁，又号云松野褐、瑁湖居士等。华亭人。泰定举人，曾任松江府学教授。与杨维桢、钱惟善交游唱和，殁后同葬天马山东麓，并称“三高士”。著有《云松野褐集》（已佚）。书法仅存草书《茗之水诗》《跋鲜于诗赞》。

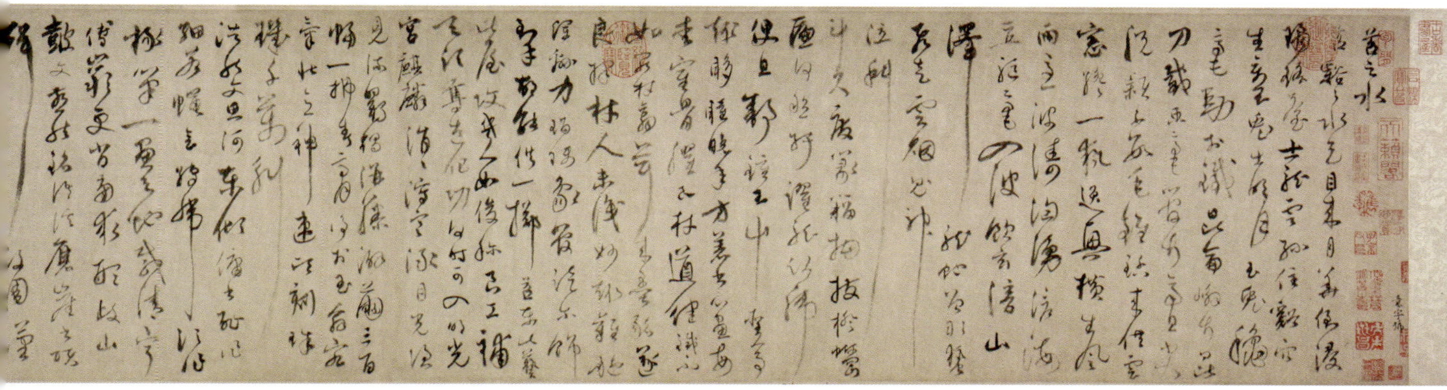

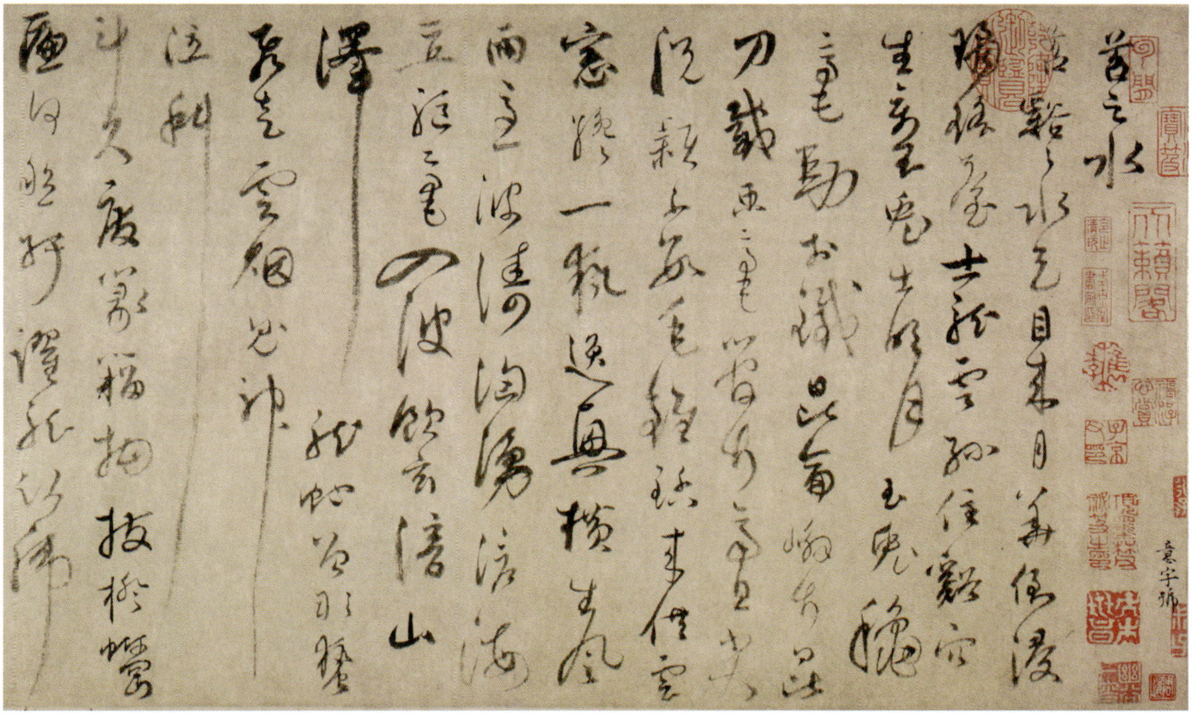

倾动三吴峰泖秀
笔墨丹青说大元

松江是书画之城。“诗窠棋囿字仓场”的浓厚文化氛围，孕育和成就了松江的书画艺术。

有元一朝，占画坛主流的文人画走向成熟。在这一过程中，生于斯长于斯，最终归藏于天马山下的江南富族、书画大家曹知白，在美术史上名虽不显，却厥功至伟。他不仅自己画艺高妙，自成一派，而且喜交名士，家富收藏。当时，名闻全国，寓居、流连于此的著名文学家、书画家杨维桢、赵孟頫和“元四家”（黄公望、王蒙、倪瓒、吴镇）等都曾与其唱和交游，悠游峰泖，酬赠题跋。他们用一段段艺坛佳话和胸中丘壑、笔底烟云，共同谱写了元代松江书画艺术的显赫历史。

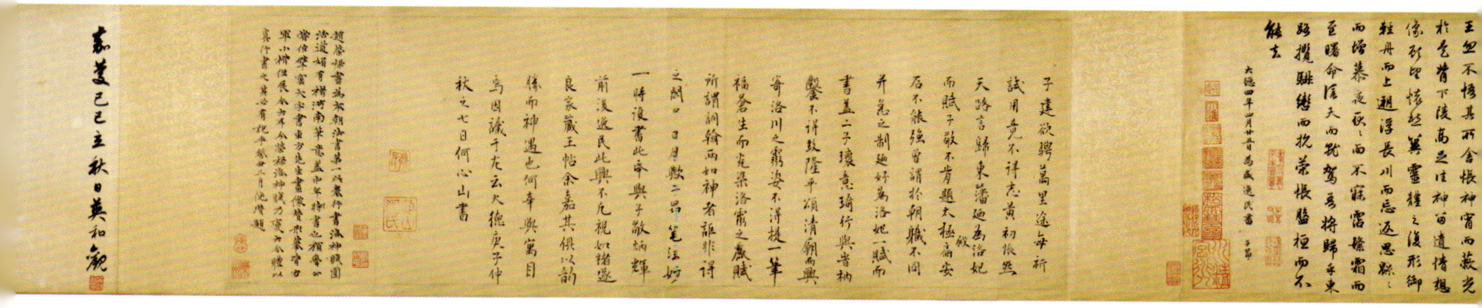

洛神赋卷　　元 • 赵孟頫

月麓昌公、中峰本禅师、赵文敏公画像石刻　　松江区博物馆 藏

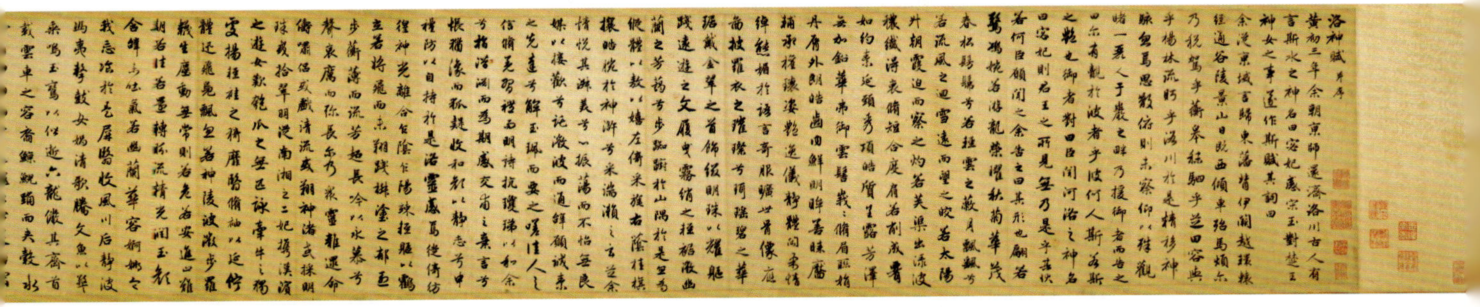

赵孟頫（1254-1322）

“元六家”之一，书画家、文学家。字子昂，号松雪道人、水精宫道人。浙江湖州人。宋宗室。入元，累官至翰林学士承旨，封魏国公，谥文敏，与董其昌、张照并称松江“三文敏”。工书法，尤精正、行书和小楷，圆转道丽，世称“赵体”。擅画，提出“作画贵有古意”，开创了元代新画风。存世墨迹甚多，有《洛神赋》《鹊华秋色图》《秋郊饮马图》《红衣罗汉图》等。曹知白为其入室弟子。

元赵文敏公像 元·赵孟頫绘 清·汪恭摹

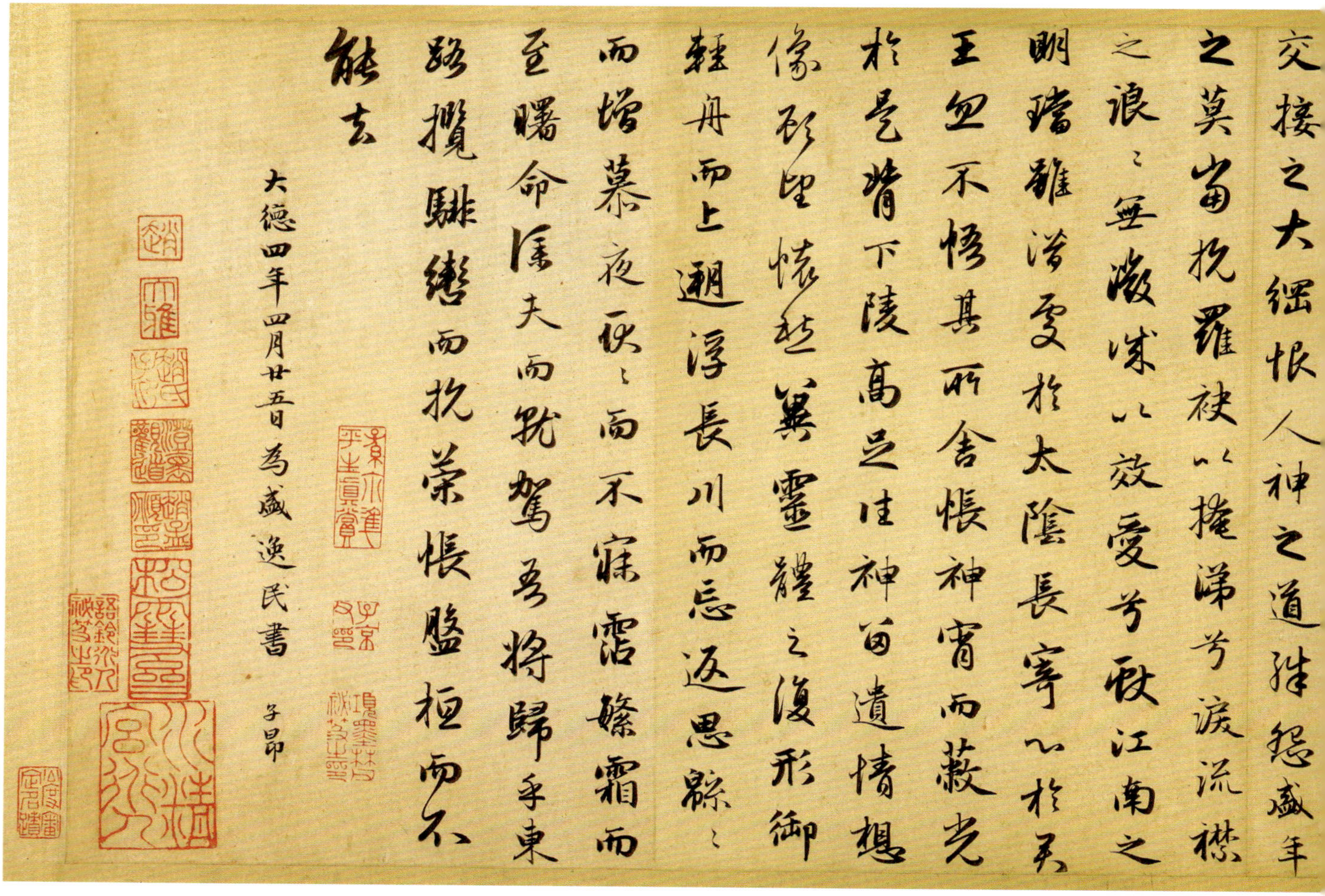

行书洛神赋卷（局部） 元 • 赵孟頫

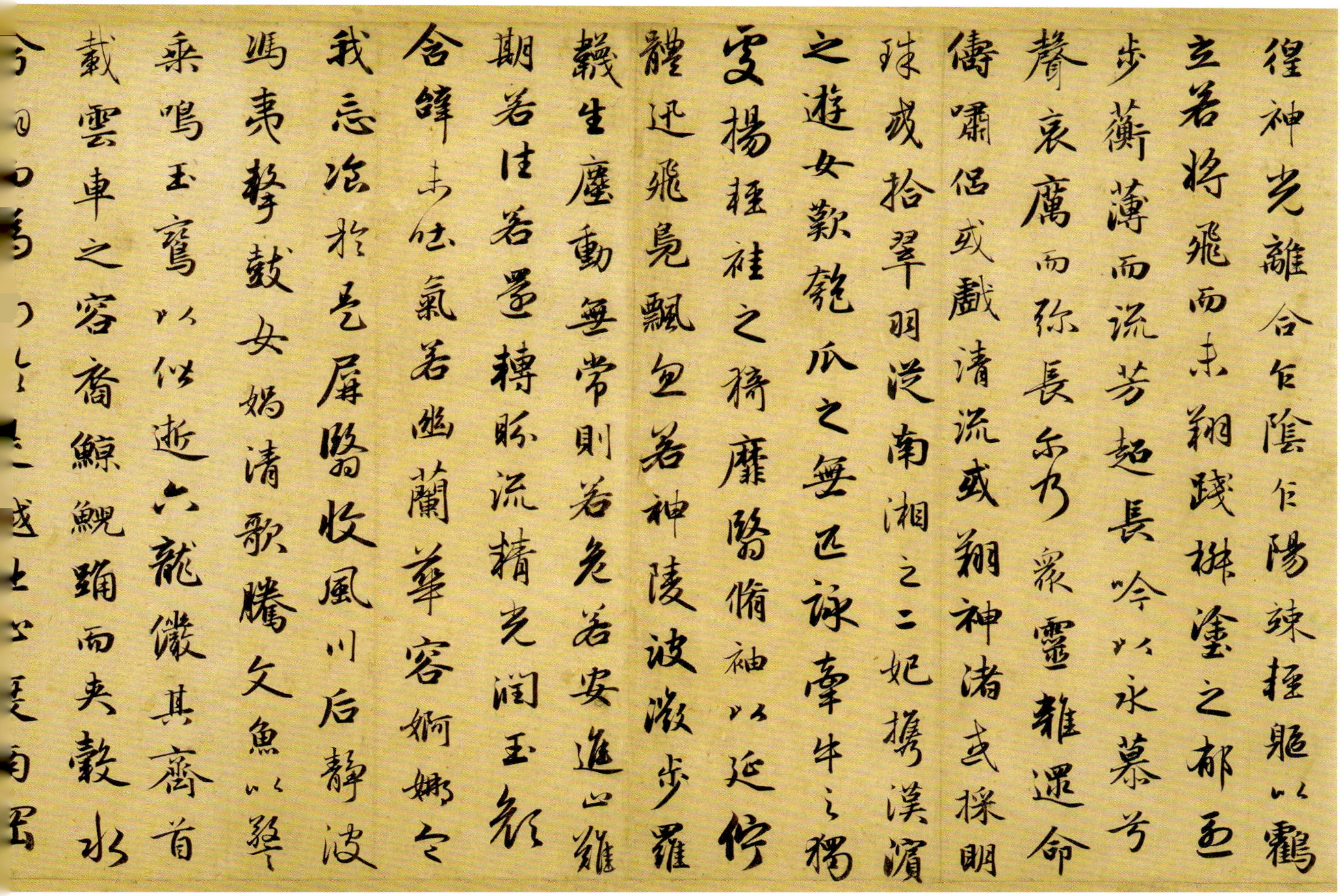
徨神光離合乍陰乍陽竦輕軀以鶴
立若將飛而未翔踐椒塗之郁烈
步蘅薄而流芳超長吟以永慕兮
聲哀厲而彌長爾乃衆靈雜遝命
儔嘯侶或戲清流或翔神渚或採明
珠或拾翠羽從南湘之二妃攜漢濱
之遊女歎匏瓜之無匹詠牽牛之獨
處揚輕袿之猗靡翳脩袖以延佇
體迅飛鳧飄忽若神陵波微步羅
韈生塵動無常則若危若安進止難
期若往若還轉眄流精光潤玉顏
含辭未吐氣若幽蘭華容婀娜令
我忘飡於是屏翳收風川后靜波
馮夷鳴鼓女媧清歌騰文魚以警
乘鳴玉鸞以偕逝六龍儼其齊首
載雲車之容裔鯨鯢踊而夾轂水

水村图卷　　元·赵孟頫

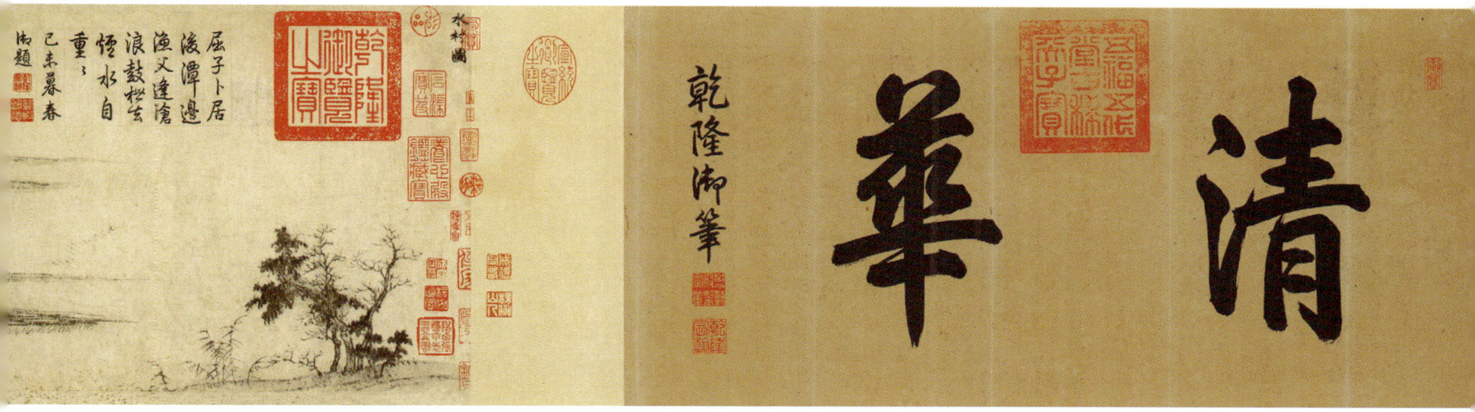
清華
乾隆御筆
水村圖
屋子卜居淺潭邊漁父逢滄浪鼓枻去煙水自重重
己未暮春御題

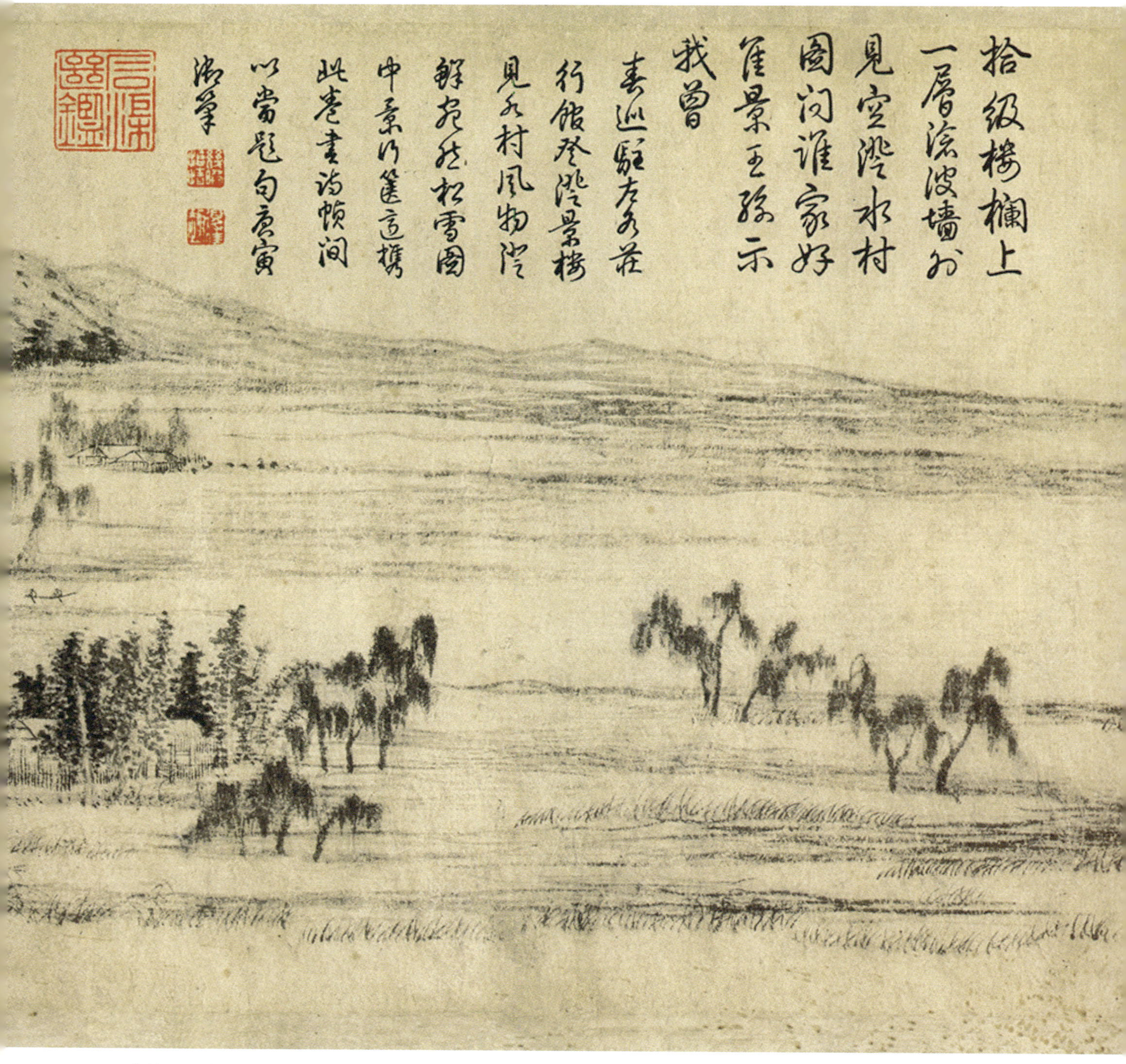

水村图卷（局部） 元·赵孟頫

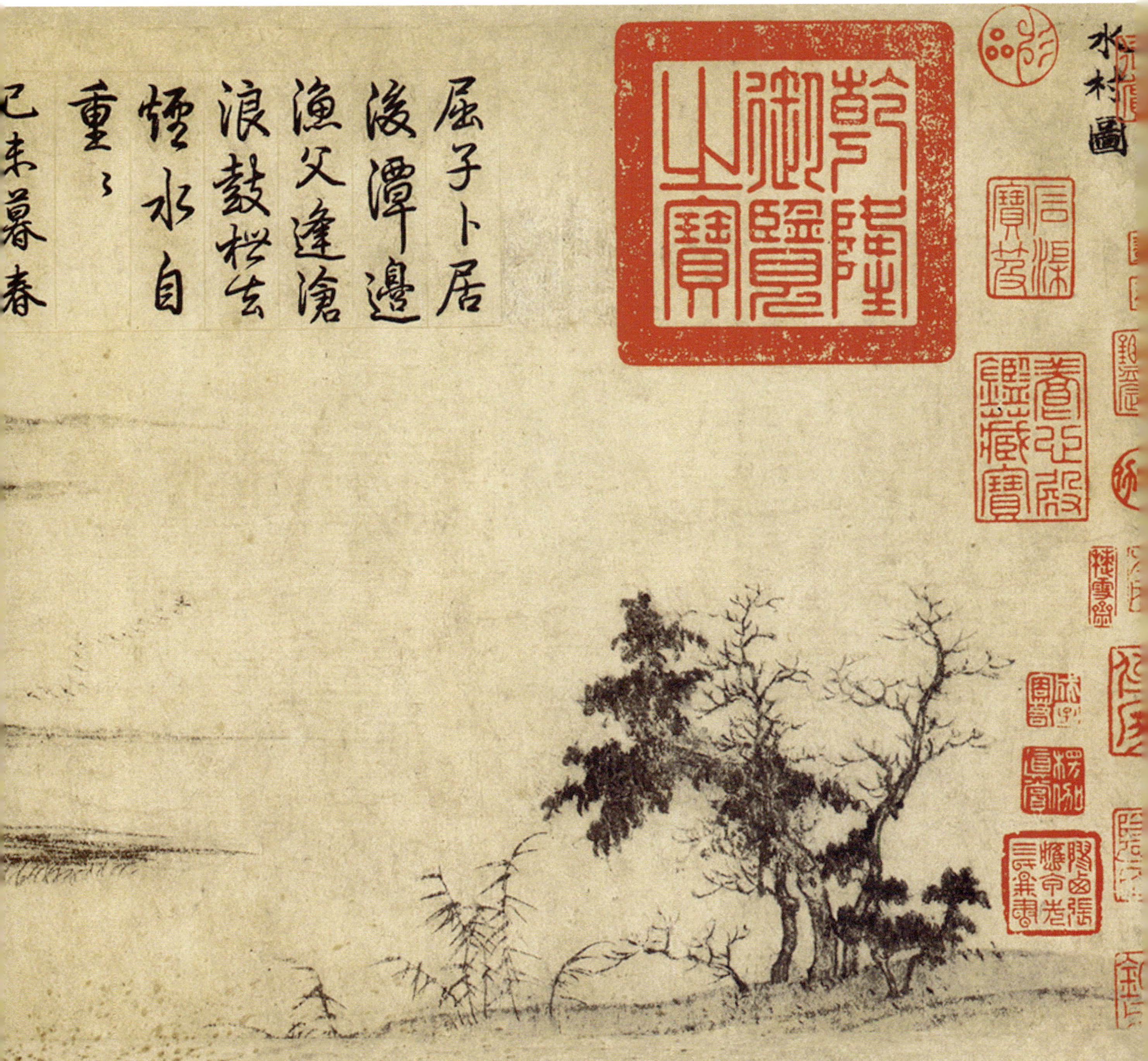
水村圖
乾隆御覽之寶
屋子卜居
後潭邊
漁父逢滄
浪鼓枻去
煙水自
重重
己未暮春

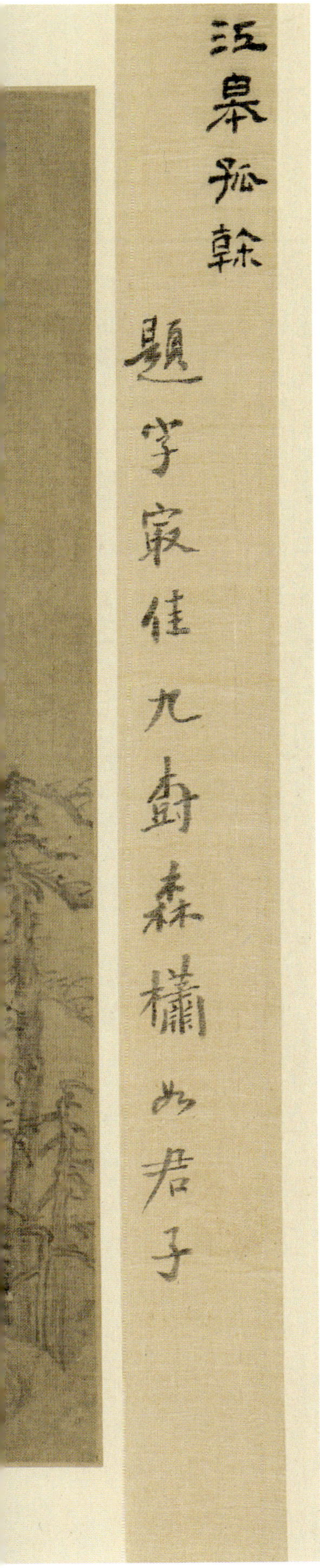

寒林图 元·曹知白

曹知白（1272—1355）

元画家，“江南三大名士”之一。字又玄、贞素，号云西。华亭人。曾官昆山教谕，不久辞去。擅山水，喜作寒林枯木，师法李成、郭熙，笔墨疏秀简淡。存世作品有《寒林图》《疏松幽岫图》《群峰雪霁图》等。

曹知白像 苏文绘

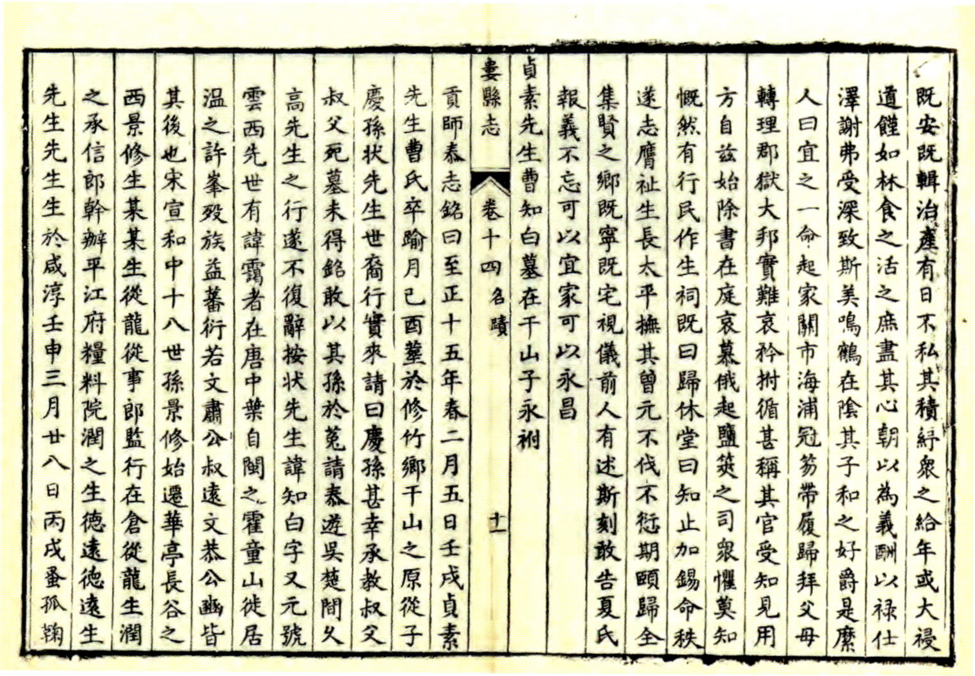
既安既輯治產有日不私其積紓衆之給年或大祲
遺饑如林食之活之庶盡其心朝以為義酬以祿仕
澤謝弗受深致斯美鳴鶴在陰其子和之好爵是縻
人曰宜之一命起家關市海浦冠笏帶履歸拜父母
轉理郡獄大邦實難哀矜惻循甚稱其官受知見用
方自兹始除書在庭哀慕俄起鹽筴之司衆懼莫知
慨然有行民作生祠既曰歸休堂曰知止加錫命秩
遂志膺祉生長太平撫其曾元不伐不愆期頤歸全
集賢之鄉既寧既宅視儀前人有述斯刻敢告夏氏
報義不忘可以宜家可以永昌
貞素先生曹知白墓在干山子永祔
婁縣志 卷十四 名蹟 十一
貢師泰志銘曰至正十五年春二月五日壬戌貞素
先生曹氏卒踰月己酉葬於修竹鄉干山之原從子
慶孫狀先生世裔行實來請曰慶孫甚幸承教叔父
叔父死墓未得銘敢以其孫於莬請泰遊吳楚間久
高先生之行遂不復辭按狀先生諱知白字又元號
雲西先世有諱霧者在唐中葉自閩之霍童山徙居
溫之許峯歿族益蕃衍若文肅公叔遠文恭公幽皆
其後也宋宣和中十八世孫景修始還華亭長谷之
西景修生某某生從龍從事郎監行在倉從龍生潤
之承信郎幹辦平江府糧料院潤之生德遠德遠生
先生先生生於咸淳壬申三月廿八日丙戌蚤孤鞠

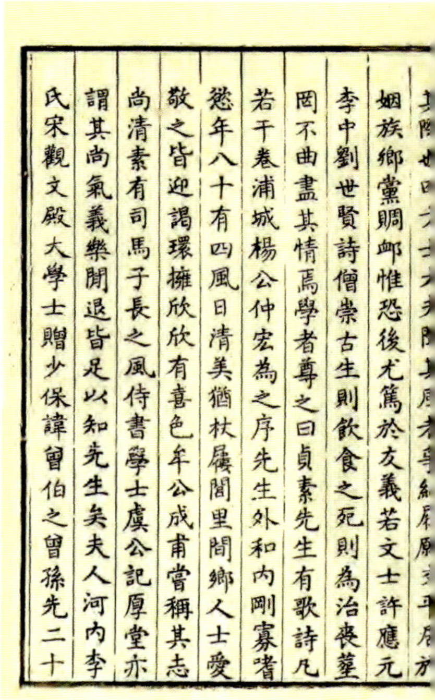
姻族鄉黨賙卹惟恐後尤篤於友義若文士許應元
李中劉世賢詩僧崇古生則飲食之死則為治喪葬
罔不曲盡其情焉學者尊之曰貞素先生有歌詩凡
若干卷浦城楊公仲宏為之序先生外和內剛寡嗜
慾年八十有四風日清美猶杖屨閭里間鄉人士愛
敬之皆迎謁環擁欣欣有喜色牟公成甫嘗稱其志
尚清素有司馬子長之風侍書學士虞公記厚堂亦
謂其尚氣義樂閒退皆足以知先生矣夫人河內李
氏宋觀文殿大學士贈少保諱曾伯之曾孫先二十

（乾隆）娄县志　清 • 谢庭薰 修，陆锡熊 纂年卒子一人某女五人孫男三人長騶虞蚤世次於菟幼彪曾孫男二人女一人俱幼銘曰振鐸之封世别為宗曰閩曰甌自南徂東有偉先生麋焉高風遐覿澗步元館儒宫既介而通亦嗇而豐不倚於立不詭於從翼翼其心冲冲其容采山薇蕨涉水芙蓉菱歌忽斷五湖三江有坎其藏琢石穹窿謚私而公靖節文中

祥澤張氏通波阡在通波塘上

楊維禎通波阡表曰張氏出青陽歷漢魏晉唐為顯官甲族者代不乏人宋為三葉衣冠者曰士遜稱横浦居士曰九成無盡居士曰商英商英拜相後子孫

渡江遂居杭之菜市有八世祖某遊松愛千山之櫻珠灣為隱地因結廬居之六世祖某號八乇居士者又自櫻珠灣遷鳳凰山陽之祥澤滙與其子通號千一居士開坵鑿井以養其親遇冬雪掃隙地撒粟以食凍禽居士往來慈烏或有翼而隨者年九十有三終娶華亭陸氏生男顯築草堂號隱菴博涉書籍尤精梵典及星歷陰陽風水之術攻苦食淡如父風與儒釋習和有詩偈若干首傳於鄉壽八十四終娶夏氏生男俊字晉卿其為人廣顙大耳美鬚髯其聲如鐘自幼機警通史傳學尤長於法律中慈而外剛鄉閭以其咈諾為曲直人負不平不之邑而之公鄉稱

於母謝而教之成人則從祖教授君澤之也先生身長七尺美鬚髯性機敏善識事至元甲午詔遣中書左丞某公鑿吳松江先生以策從行功居多大德戊戌庸田使柳公行水復獻塡闕戍隄之法民甚德之己亥丁母艱哀毀盡禮服除以大府薦教諭崑山意甚不樂遂辭去嘗游京師王侯鉅公多折節與之交章辟屢上先生悉辭謝曰吾聞燕趙多奇士庶幾見之豈齪齪求官者比耶即日南歸長谷中隱居讀易終日不出庭户尤善黄老氏之學匾其居曰長清淨曰室盈曰學堂曰古齋蓋於是超然有所得矣晚益

之末高人多隱於畫雲西為多田翁葢其家足置鄭莊之驛以延款名勝者　其昌題

秋林亭子　款云雲西老人曹知白為月屋先生作又題一絶

天風起長林萬影弄秋色幽人期不來空亭倚蘿薜

題曹雲西山水

旭日耀蒼巘翠嵐生嫩寒幽人詩夢醒清響得松湍

會稽王元章

烟鐘隱隱起蒼茫嶺日分輝到草堂昨夜前山春雨過

南屏山人同卷夷簡 松門

曹真素山水軸 小清秘閣藏

雲西為明叔作重溪暮靄

雲老與僕年相若執筆濡墨既有年矣老而益進於今諸名勝善畫家求之乃畫者甚多至于韻度清越則此翁當獨步也 至正九年五月廿五日大癡學人公望

富春山居图　元 • 黄公望

黄公望 (1269—1354)

“元四家”之一，画家。本姓陆，名坚，江苏常熟人，出继永嘉（今浙江温州）黄氏为义子，因改姓名。字子久，号一峰、大痴道人等。曾为中台察院掾吏，一度入狱，后入全真教，长期往来杭州、松江等地卖卜。工书法，通音律，能散曲。擅山水，流寓松江时常去本一禅院向赵孟頫请教学画。水墨、浅绛俱作，以草籀奇字法入画，气势雄秀，笔简而神完，自成一家，得“峰峦浑厚，草木华滋”之评。代表作《富春山居图》多取景于松江，《九峰雪霁图》亦描绘松江九峰之景。

富春山居图（局部） 元 • 黄公望

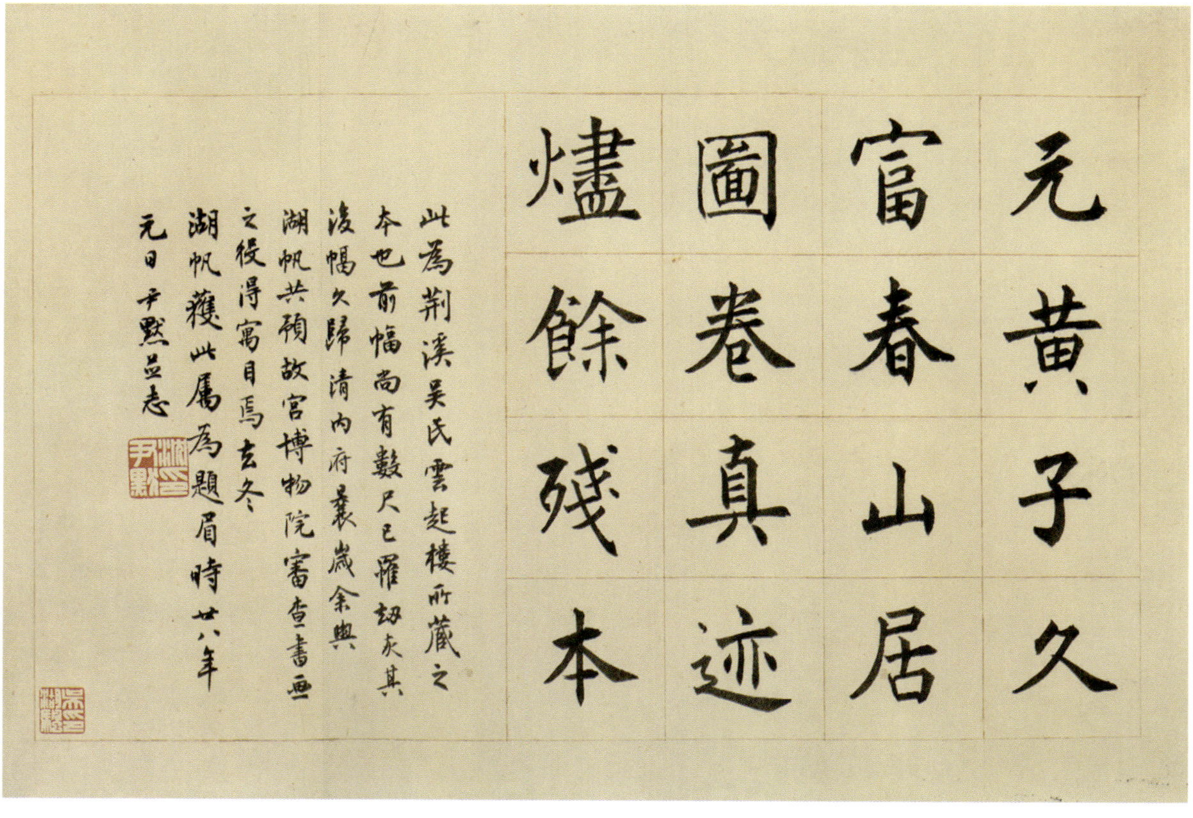

九峰雪霁图

元 • 黄公望

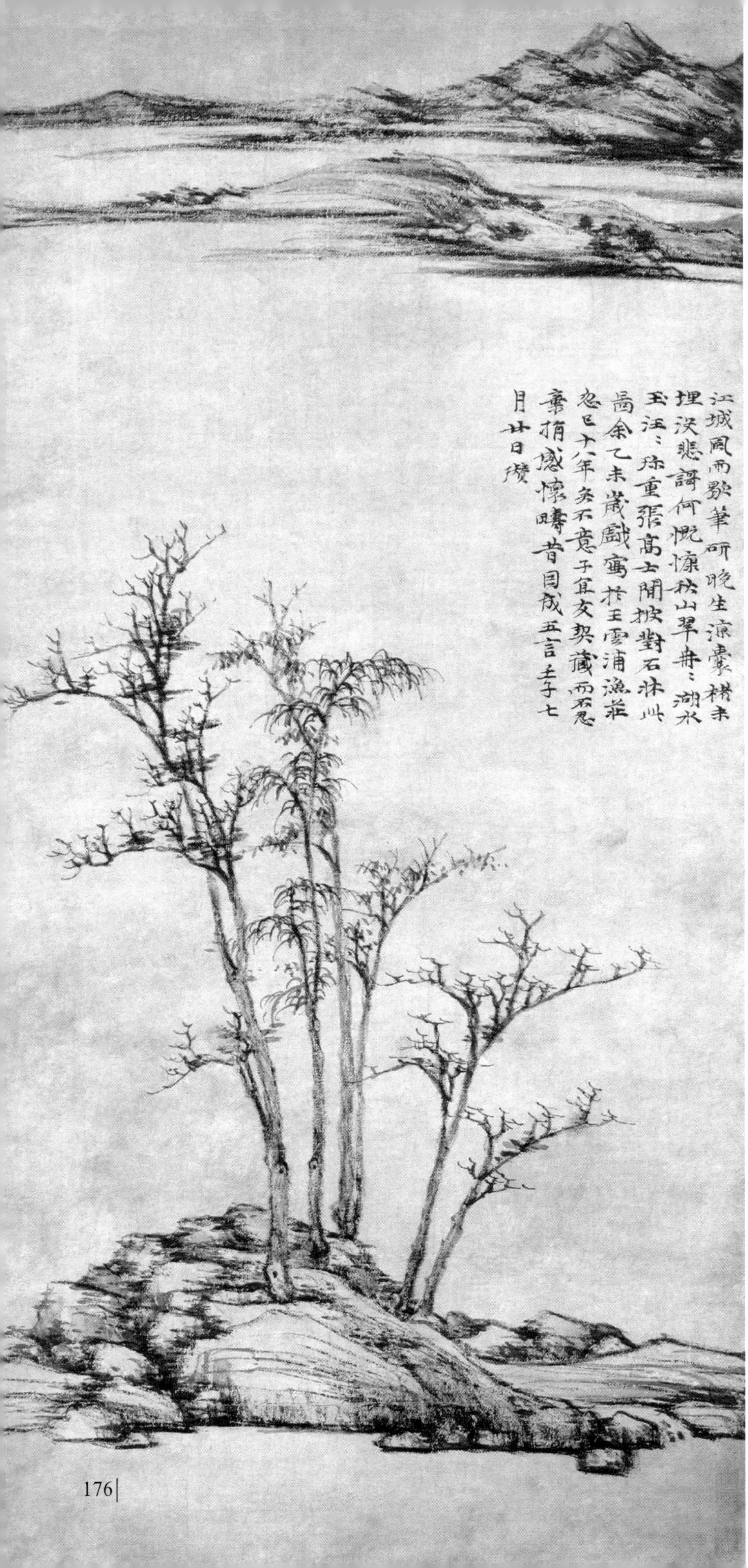
江城風雨歇筆研晚生涼囊楮未
埋沒悲歌何慨慷秋山翠冉冉湖水
玉汪汪珍重張高士閒披對石牀此
圖余乙未歲戲寫於王雲浦漁莊
忽已十八年矣不意子宜友契藏而不忘
棄捐感懷疇昔因成五言壬子七
月廿日瓚

渔庄秋霁图

元•倪瓒

倪瓒（1301或1306—1374）

“元四家”之一，画家。初名珽，字元镇，号云林子、幻霞子、荆蛮民等。江苏无锡人。家豪富。初奉佛教禅宗，后入全真教。人品高洁，元末卖田散财，浪迹太湖、泖湖一带。擅画水墨山水，创“折带皴”写山石。所作意境清远萧疏，自谓“逸笔草草，不求形似”“聊写胸中逸气”。存世作品有《渔庄秋霁图》《梧竹秀石图》等。诗文有《倪云林先生诗集》《清閟阁集》。

倪瓒像 松江邦彦画像册 清·徐璋绘

青卞隐居图　元・王蒙

王蒙（1301或1308—1385）

王蒙像　苏文绘

“元四家”之一，画家。字叔明，号香光居士。湖州（今属浙江）人。元末官理问，弃官后隐居临平黄鹤山，自号黄鹤山樵。明初出任泰安知州，后受胡惟庸案牵累，死于狱中。能诗文，工书法，尤擅山水，得外祖赵孟頫法，以董源、巨然为宗而自成面目。写景稠密，布局多重山复水，善用解索皴和渴墨苔点表现林峦郁茂苍茫的气氛。兼画竹石。流寓松江时常去本一禅院向赵孟頫请教学画。存世作品有《青卞隐居图》《夏山高隐图》等。

松江画派润华亭
独领风骚数百年

发端元代、盛于晚明的松江山水画派又名华亭画派。

诞生于峰泖而又风格独特的松江画派，始于顾正谊，而大成于董其昌，其内部虽有“苏松派”“云间派”“华亭派”之分，但美学思想和绘画风格基本一致。他们追求画风古雅文秀，饱有文人逸趣，用笔洗练，用墨清淡，成为继吴门画派之后的画坛主流，对清代山水画乃至整个中国画坛影响深远，将中国书画艺术推上了又一个高峰。

濤門鉤連雙樹尤絕奇裊如石棧橫飛梯啓來
下馬蔭雙樹還坐古藤行酒卮古藤信古樹亦
老居人莫辨千齡姿吁嗟物理各有附得志青
雲假當路朱生磊落無相知可惜蕭然守環堵
人言兔絲附女蘿朝霜夕霰殊榮枯蓬麻相植
理或然世人那信直如絃不若古藤寄生喬木
自年年道豈逶迤與化遷我酬爲賦古藤篇君
看古藤應自憐

天馬山歌

天馬由來出西域騕褭何因至南國聞道渥洼
産此奇牧向天閑自東驛七寶裝成立仗儀千
金比價連城璧爾時意氣抑何雄棄置一朝曾
莫惜脫銜卸轡瀾泥塗不老不鳴亦不食我行
見之一憮然獨立山頭心悽愴古今神物本難
馴不見秦皇昔鞭石須臾莫遣五丁嗔拔却雲
根去超軼還言稅駕閬風巔天長海濶知何極

潞河逢朱子价言別

憶昔相逢自彭城與君聯轡遊帝京甘泉上書

莫如忠《天马山歌》 崇兰馆集 明·莫如忠

留雲閣

松江画派的代表人物除董其昌外，还有陈继儒、沈士充、宋旭、赵左、莫如忠、莫是龙等。松江画派和继承他们衣钵精神，粉本九峰三泖的桑梓俊彦，他们笔下浸润挥洒的水墨，不仅仅是纸上的艺术，更是天马山脚下这方山河的语言和他们对于这片土地的眷恋。

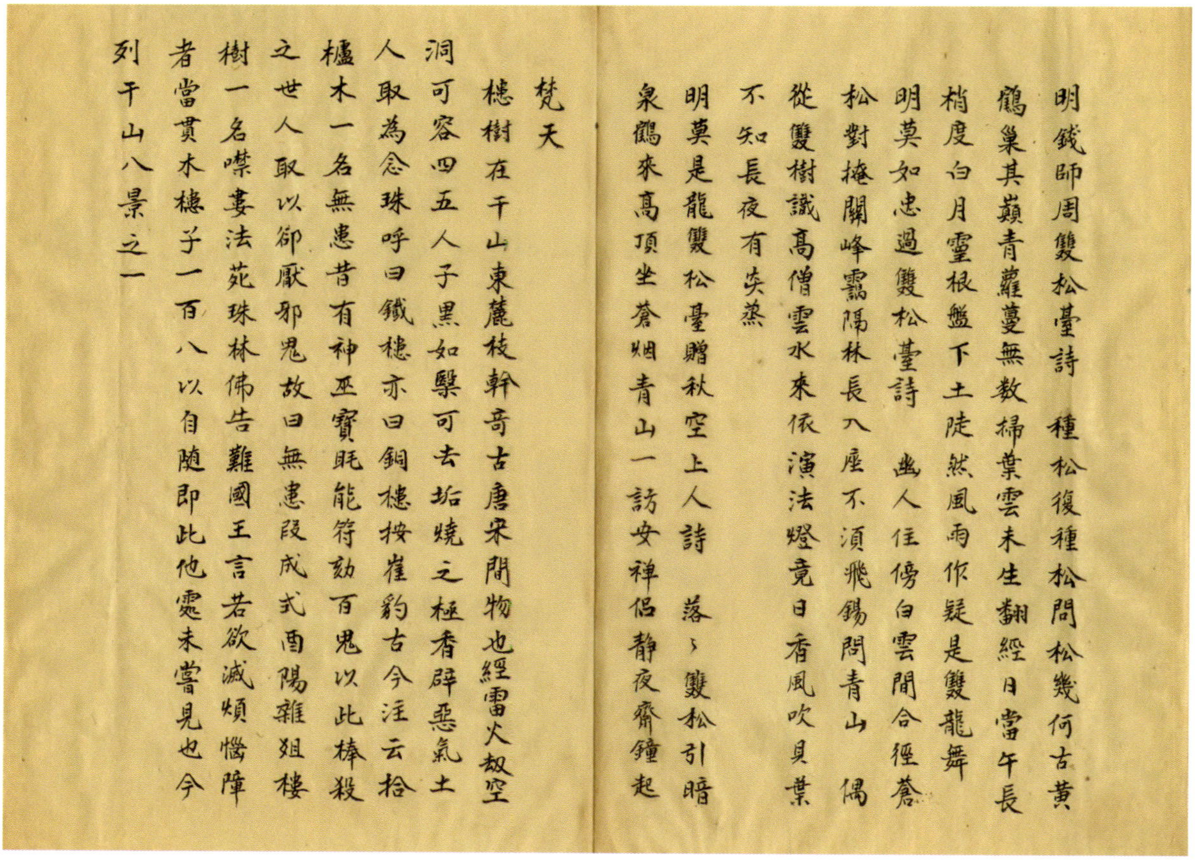

明錢師周雙松臺詩　種松復種松問松幾何古黄
鶴巢其巔青蘿蔓無數掃葉雲未生翻經日當午長
梢度白月靈根盤下土陡然風雨作疑是雙龍舞
明莫如忠過雙松臺詩　幽人住傍白雲間合徑蒼
松對掩關峰靄隔林長入座不須飛錫問青山　偶
從雙樹識高僧雲水來依演法燈竟日香風吹貝葉
不知長夜有炎蒸
明莫是龍雙松臺贈秋空上人詩　落〻雙松引暗
泉鶴來高頂坐蒼烟青山一訪安禪侶靜夜齋鐘起

梵天
穗樹在千山東麓枝幹奇古唐宋間物也經雷火劫空
洞可容四五人子黑如槩可去垢燒之極香辟惡氣土
人取為念珠呼曰鐵穗亦曰銅穗按崔豹古今注云拾
櫨木一名無患昔有神巫寶眊能符劾百鬼以此棒殺
之世人取以卻厭邪鬼故曰無患段成式酉陽雜俎樓
樹一名噤婁法苑珠林佛告難國王言若欲滅煩惱障
者當貫木槵子一百八以自隨即此他處未嘗見也今
列千山八景之一

莫是龙《双松台赠秋空上人》　干山志　清・周厚地 撰

莫是龙（1537—1587）

莫是龙像　松江邦彦画像册　清・徐璋 绘

明文学家、书画家、藏书家。字云卿，后以字行，更字廷韩，号秋水，又号后明、碧山樵、虚舟子等。华亭人。莫如忠长子。十岁善属文，十四岁补诸生，有“神童”之誉，王世贞、皇甫汸等极称赏之。倾心古文辞，兼擅书画，以贡生终，终生未仕。曾先后与梁辰鱼、陈芹等于金陵鹫峰、青溪结社，尤长于五言诗。有《石秀斋集》《廷韩遗稿》等。

九峰寒翠
董宗伯畫蒼秀超逸
絕無煙火氣此幅蕭疎
淡遠全從大癡雲林得
來試置身峰泖間直
覺境與筆化矣
戊戌秋日王時敏題

九峰寒翠图　明·董其昌

深谷幽独图　明·董其昌

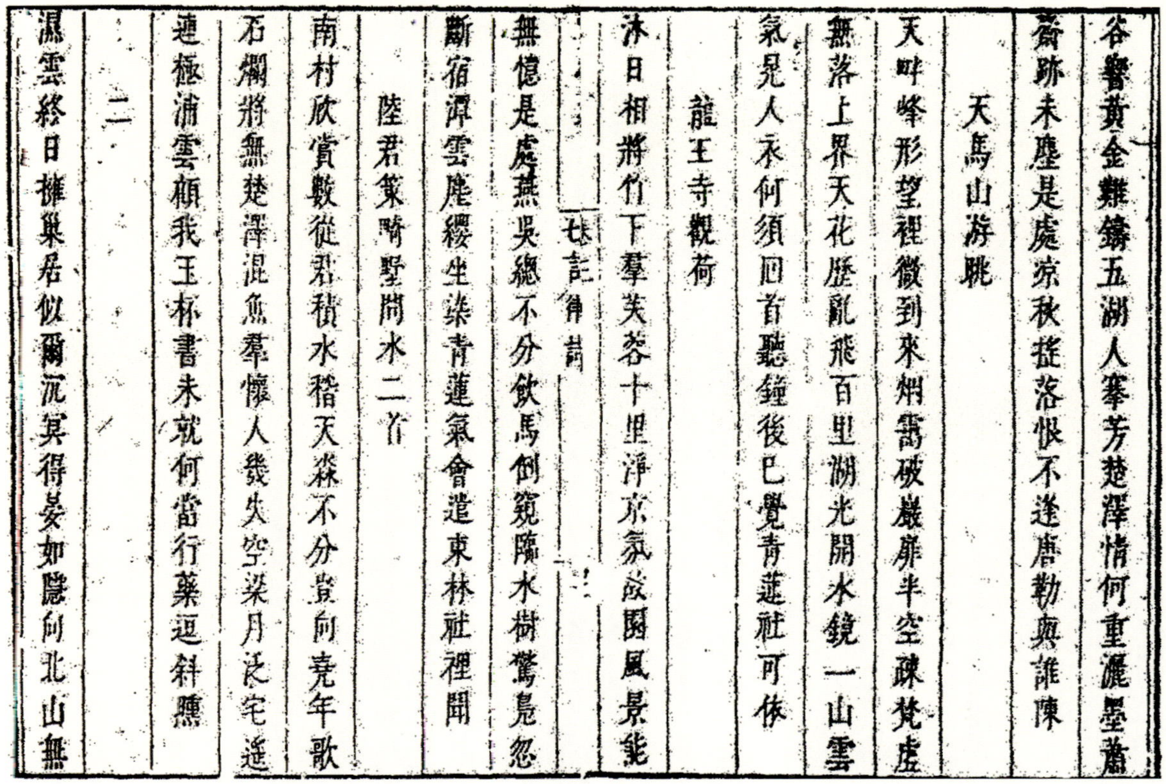

谷響黃金難鑄五湖人峯芳楚澤情何重灑墨蕭
蕭跡未塵是處涼秋搖落恨不逢唐勒與誰陳
天馬山游眺
天呀峰形望裡微到來州霤破巖扉半空疎梵虛
無落上界天花歷亂飛百里湖光開水鏡一山雲
氣晃人衣何須回首聽鐘後已覺青蓮社可依
龍王寺觀荷
沐日相將竹下羣芙蓉十里淨京氣故國風景能
無憶是處燕吳總不分飲馬倒窺臨水樹驚鳧忽
斷宿潭雲塵纓坐染青蓮氣會遣東林社裡聞
陸君策騎墅間水二首
南村欣賞數從君積水稽天淼不分豈向堯年歌
石瀾將無楚澤混魚羣懷人幾失空梁月泛宅遙
連極浦雲頼我玉杯書未就何當行藥逗斜曛
二
濕雲終日擁巢居似爾沉冥得晏如隱向北山無

董其昌《天马山游眺》　容台集　明·董其昌 撰

董其昌（1555—1636）

明书画家、画论家。字玄宰，号思白、香光居士。华亭人。万历进士，官至南京礼部尚书。谥文敏。与赵孟頫、张照并称松江“三文敏”。书法自谓于率易中得秀色，其分行布白，疏宕秀逸，甚具特色。与邢侗、张瑞图、米万钟并称“明末四大书家”。擅山水，学董源、巨然及黄公望、倪瓒，讲究笔致墨韵，画格清润明秀。画论标榜“士气”，以佛家禅宗喻画，倡“南北宗”之说，并推崇“南宗”为文人画正脉。主张作画须“读万卷书，行万里路”。著有《容台集》《容台别集》《画禅室随笔》等。

董其昌像　松江邦彦画像册　清·徐璋绘

云山幽趣图

明·陈继儒

陈继儒（1558—1639）

明文学家、书画家。字仲醇，号眉公、麋公。华亭人。诸生，隐居松江，自称“山中宰相”。诗文书画兼擅，与董其昌齐名。其诗文主张与公安派较为接近。书法师法苏轼、米芾，萧散秀雅。善画水墨梅花、山水，倡导文人画，持南北宗论。一生著述颇丰，有《陈眉公先生全集》以及《闲情野史》《珍珠船》等。另编有《宝颜堂秘笈》《古文品外录》《国朝名公诗选》等。

陈继儒像 松江邦彦画像册 清·徐璋绘

九峰三泖图　清·武丹

本地风光图（局部） 松江区博物馆 藏

九峰山水

清·张绍祖

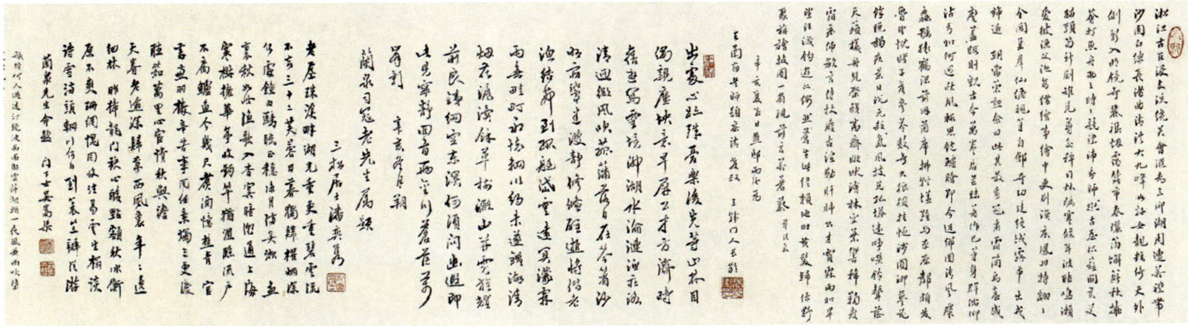

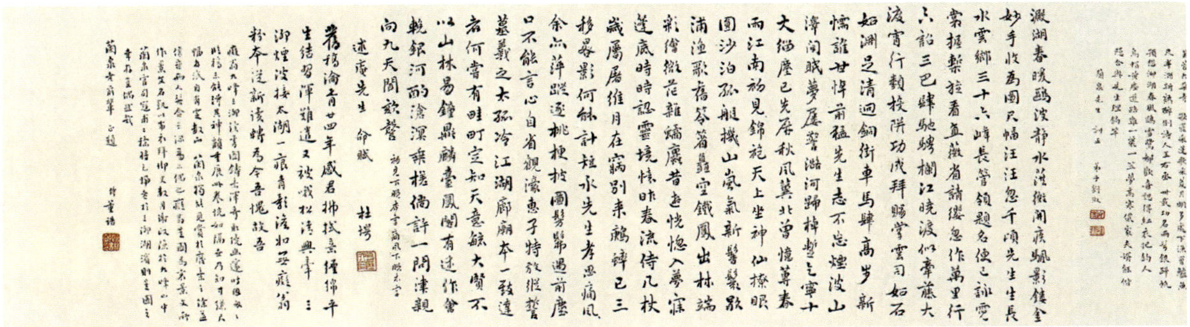

三泖渔庄图卷　清 • 董诰

千年圣地逢盛世
喜看青山展新颜

万年灵山，千载文脉。欣逢盛世，焕发新颜。

中华人民共和国成立以来，特别是改革开放和党的十八大以来，经过党和政府的科学治理，精心养护，旧貌换新颜的天马山，自然与文化交相辉映。远眺山巅，巨石层叠，险峻挺拔；入山探幽，竹林绿海，古木森然。静听鸟语花香，虫鸣溪唱；纵览百年银杏，庭前流云。这里的一枝一叶，一花一木，都能让人在喧嚣的都市找到心灵的安宁，自然的惬意。

不仅如此，天马山的“绿水青山”不仅变成了“金山银山”，而且通过修复“护珠塔”、重建“三高士墓”等措施，真正实现了文化旅游高质量融合发展，实现了中华优秀传统文化的创造性转化、创新性发展。

现在，天马山脚下的云间儿女，也正以唯实唯干、拼搏奋进的姿态，奋力书写和描绘着天马山的美好明天。

九峰三泖　张大千

张大千（1899—1983）

近代中国画家。原名正权，后改名爰，又名季爰，号大千居士。四川内江人。曾于松江禅定寺出家，法号“大千”。擅山水、花鸟、人物，丹青、水墨、工笔写意俱佳。初习清初四僧，抗日战争期间，泛涉各家，后去敦煌石室揣摩三年，遂创自己艺术面目。渡海后又受欧风美雨影响，创泼墨、泼彩法。其画风30岁前求“清新俊逸”，50岁左右取“瑰丽雄奇”，60岁后臻“苍浑渊穆”之境。传世作品有《庐山全景》《长江万里图》等。

天马山秋色　　程十发

程十发（1921—2007）

中国画家。名潼。松江人。毕业于上海美术专科学校国画系。历任上海中国画院院长、全国文联委员、中国美术家协会理事、西泠印社副社长、上海交通大学教授。兼擅插图、连环画和中国画。作品以人物和花卉为主，长于构图和刻画场面，具有鲜明的民族风格。代表作有国画《歌唱祖国的春天》，连环画《孔乙己》《画皮》《阿Q正传108图》《胆剑篇》，《儒林外史》英文版插图、《西湖民间故事》插图等。

修缮前的护珠塔

1985年护珠塔修护

三高士文缘坊

三高士墓

跋

《又见天马山》历经一年多的策划、调研、考察、撰写、修改，终于从初来松江时的一次偶然谈话，逐渐生长、铺展成书桌上一本装帧精美的书稿。

嗅着淡淡墨香，掩卷遐思，感慨万千。

《又见天马山》一书由松江区文化和旅游局创意发起。在书稿编纂的过程中，得到了区政协、区委宣传部、区文化和旅游局、人文松江创作研究院、区文化旅游影视融合发展服务中心、人文松江活动中心、松江区博物馆、佘山国家森林公园、跨塘乘月书苑等多个部门、单位、机构和众多领导的关心与支持，在此一并致以诚挚的谢意！

另外，需要说明的是，由于书籍定位为图文并茂的通俗读物，力求以图证史，平易浅近，所以书稿借鉴吸收了众多前辈学者的研究成果，恕不一一具名注释，在此诚挚表达敬意和谢意。此外，书中少量图片来自网络，但因年代久远，未能完全确定作者姓名，故未记其名，深表歉意。

最后，《又见天马山》的编纂工作时间紧、任务重、涉及面广，且部分数据更新频繁，加之作者初到松江，初窥松江地域文化研究门径，限于学识水平，书中难免有错漏不当之处，敬请读者批评指正。

常　勇

图书在版编目（CIP）数据

又见天马山 / 常勇主编 .-- 上海：文汇出版社，2023.8

ISBN 978-7-5496-4092-8

Ⅰ . ①又… Ⅱ . ①常… Ⅲ . ①文化史－松江区 Ⅳ . ① K295.13

中国国家版本馆 CIP 数据核字 (2023) 第 134504 号

又见天马山

策　　划　松江区文化旅游影视融合发展服务中心
主　　编　常　勇
责任编辑　徐曙蕾
封面装帧　陈丽明

出版发行　文汇出版社
　　　　　上海市威海路 755 号
　　　　　（邮编号码 200041）
经　　销　全国新华书店
印刷装订　上海文浩包装科技有限公司
版　　次　2023 年 8 月　第 1 版
印　　次　2023 年 8 月　第 1 次印刷
开　　本　889×1194　1/16
字　　数　120 千字
印　　张　13.5

ISBN 978-7-5496-4092-8
定　　价　98.00 元